초등영어 읽기독립

파닉스 1
Phonics

1 단계

재능많은
영어연구소
지음

휴먼
어린이

초등영어 읽기독립 1단계
"40일만 따라 하면 술술 단어가 읽혀요!"

파닉스 1(알파벳) 구성

 알파벳 글자를 단어·이미지와 함께 노출하여 효과적인 학습이 가능!

알파벳을 효과적으로 학습하기 위해서는 각 알파벳 문자와 함께 단어와 그림을 제공해야 개별 글자가 주는 시각적 혼동을 줄일 수 있어요. 그럼으로써 각 문자와 연결되는 소리를 더욱 빠르고 정확하게 인지할 수 있어요.

누적 반복 원리로 확실한 글자 읽기 규칙 알기

알파벳의 글자를 익힌 다음, 단어 속에서 찾았던 발음 규칙을 다시 단어로 재확인하는 반복 학습을 통해 알파벳 각각의 사운드를 익히고 자연스럽게 읽기를 준비할 수 있어요.

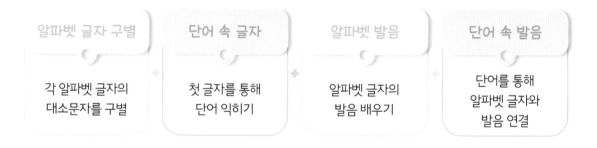

알파벳 글자 구별	단어 속 글자	알파벳 발음	단어 속 발음
각 알파벳 글자의 대소문자를 구별	첫 글자를 통해 단어 익히기	알파벳 글자의 발음 배우기	단어를 통해 알파벳 글자와 발음 연결

알파벳 발음 규칙으로 단어 읽기로 자연스럽게 연결

하나의 소리가 다른 소리들과 만나 의미를 이루는 소리 단위가 되고, 의미 있는 소리 단위가 모여 단어가 됩니다.

 모음

26개의 알파벳에는 a, e, i, o, u 5개의 모음이 있어요.

A는 /애/, E는 /에/, I는 /이/, O는 /아/, 그리고 U는 /어/라는 대표 소리를 냅니다.

 자음

26개의 알파벳 중 5개의 모음을 제외한 21개의 문자가 모두 자음이에요.

S, C, G, Q, X의 5개를 제외한 나머지 문자는 일반적으로 하나의 소리를 가집니다.

2

이렇게 만들었어요!

매일매일 읽기 독립! 자연스럽게 이루어지는 학습 계획

부담 없는 하루 학습량과 명확한 목표에 맞는 학습 계획으로 집중력 향상과 읽기의 성장을
바로바로 확인할 수 있어요.

학습일	파닉스 1
1일	A, B
2일	C, D
3일	E, F
4일	G, H
5일	Review 1
6일	I, J
7일	K, L
8일	M, N
9일	O, P
10일	Review 2
11일	Q, R
12일	S, T
13일	U, V
14일	W, X, Y, Z / Review 3
15일	총정리
16일	

학습일	파닉스 2		
1일	Unit 1	-at	-am
2일	Unit 2	-ap	-an
3일	Unit 3	-en	-et
4일	Unit 4	-ed	-eg
5일	Unit 5	Wrap-up 1	
6일	Unit 6	-ig	-ip	-in
7일	Unit 7	-it	-id	-ix
8일	Unit 8	-ot	-op	-ox
9일	Unit 9	-ug	-ut	-un
10일	Unit 10	Wrap-up 2	
11일	Unit 11	-ake	-ate	-ape
12일	Unit 12	-ine	-ire	-ike
13일	Unit 13	-one	-ose	-ole
14일	Unit 14	-une	-ute	-ube
15일	Unit 15	-ie	-y
16일	Unit 16	Wrap-up 3	
17일	Unit 17	-ay	-ai
18일	Unit 18	-ee	-ea
19일	Unit 19	-oa	-ow
20일	Unit 20	-oi	-oy
21일	Unit 21	-oo	-ou
22일	Unit 22	-ar	-or
23일	Unit 23	-er	-ir	-ur
24일	Unit 24	Wrap-up 4	

초등영어 읽기독립 1단계

파닉스 1(알파벳) 특징

1 글자 알기 - 대소문자 구별

26개 알파벳 각각의 이름을 배워요.
각 알파벳의 대문자와 소문자를 반복하여 쓰다 보면
문자 인식력이 저절로 높아져요.

QR코드를 찍으면 오늘 배울 내용을
원어민의 정확한 발음으로 들을 수 있어요!

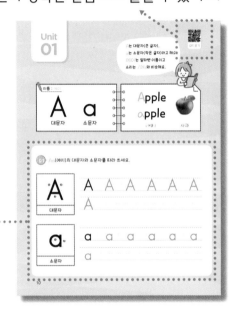

2 단어로 글자 확인

대표 단어 속에서 자연스럽게 알파벳 대소문자를
익히며, 일대일로 비교 연결하여 알파벳이 바로
단어로 이어질 수 있도록 만들었어요.

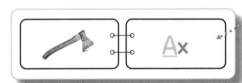

단어의 첫 글자들을 쓰면서 자연스럽게 배워요.

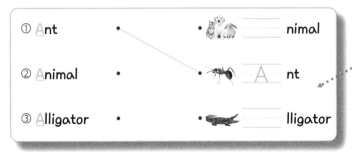

① Ant   •   •   ____ nimal

② Animal   •   •   A ____ nt

③ Alligator   •   •   ____ lligator

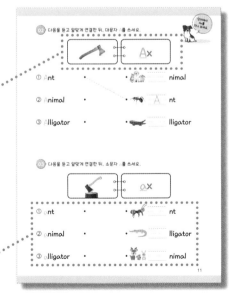

3 글자와 발음 연결 훈련

A는 /애/, B는 /ㅂ/, C는 /ㅋ/ 처럼 글자와 소리의 관계를 대표 단어들로 익히면서 알파벳 글자가 모여 의미를 가진 한 단어가 되는 과정을 인지할 수 있어요.

글자 소릿값과 단어 소릿값을 자연스럽게 연결해 '읽기 첫 단계'에서 유용한 단어 읽기 스킬을 습득할 수 있도록 만들었어요.

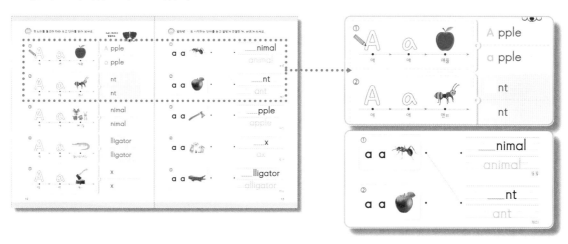

4 알파벳 총정리 – 누적 반복 훈련

대소문자를 쓰기, 글자와 발음 연결하기, 시각화를 통한 단어 읽기 등 다양한 방식으로 반복하면서 완벽하게 알파벳 대표 소릿값을 학습할 수 있어요.

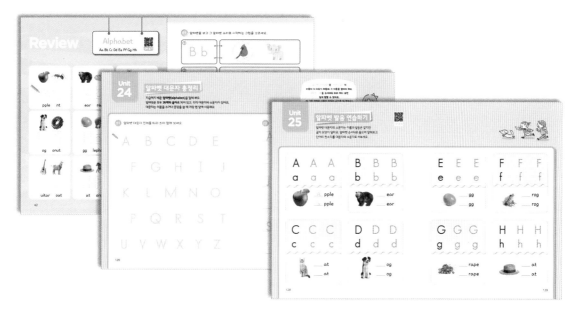

초등영어
3단계만 따라 하면
읽기독립이 된다!

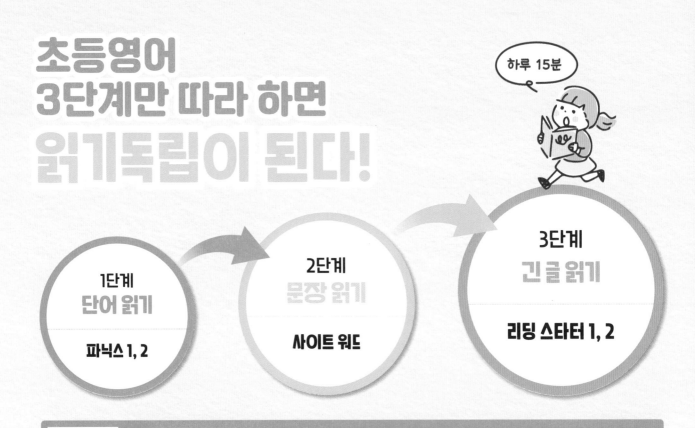

하루 15분

1단계
단어 읽기

파닉스 1, 2

2단계
문장 읽기

사이트 워드

3단계
긴 글 읽기

리딩 스타터 1, 2

1단계 ▷ **파닉스 1, 2**　　　　40일만 따라 하면 단어가 읽힌다.

단어 읽기

파닉스 규칙 1
알파벳

파닉스 규칙 2
모음

파닉스로
낱글자에서 단어 읽기까지!
파닉스 떼기

초등영어
읽기독립
파닉스1
Phonics

파닉스: 알파벳

글자 인지

음가 구별

글자 읽기

1단계 파닉스 알파벳으로 글자 읽기!

초등영어
읽기독립
파닉스2
Phonics

파닉스: 모음

단/장모음

이중 모음

단어 읽기

1단계 파닉스 모음으로 단어 읽기!

사이트 워드 30일만 따라 하면 문장이 읽힌다.

문장 읽기

사이트 워드
단어 뜻과 활용

사이트 워드로 문장 읽기!

사이트 워드 120개, 초등 필수 문장 180개 학습

사이트 워드
단어 활용
초등 표현
문장 읽기

2단계 사이트 워드로 문장 읽기!

3단계 **리딩 스타터 1, 2** 28일만 따라 하면 긴 글이 읽힌다.

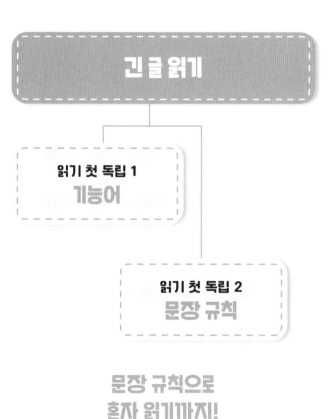

긴 글 읽기

읽기 첫 독립 1
기능어

읽기 첫 독립 2
문장 규칙

문장 규칙으로
혼자 읽기까지!

초등 3, 4학년 필수 영단어와 문장 규칙 학습

주제 단어
기능어
문장 규칙
단락 읽기

3단계 기능어로 첫 읽기 도전!

주제 단어
문장 규칙
문장별 확인
단락 이해하기

3단계 문장 규칙으로 첫 읽기 도전!

CHAPTER 01

Alphabet & Sounds

I can read!

알파벳 단어 차트

Aa
Apple
Ant
Animal
Alligator
Ax

Bb
Bee
Bear
Bird
Bread
Bell

Cc
Cow
Cat
Cup
Carrot
Cake

Dd
Dog
Duck
Doll
Dolphin
Donut

Ee
Egg
Elephant
Elk
Elbow
Eight

Ff
Fish
Flower
Frog
Fire
Four

Gg
Grape
Green
Guitar
Goat
Grass

Hh
Hat
Hand
House
Hores
Hen

☑ 일별 체크리스트

Unit 01 ~ 02
_____ 월 _____ 일

나의 평가는?
☆☆☆☆☆

Unit 03 ~ 04
_____ 월 _____ 일

나의 평가는?
☆☆☆☆☆

Unit 05 ~ 06
_____ 월 _____ 일

나의 평가는?
☆☆☆☆☆

Unit 07 ~ 08
_____ 월 _____ 일

나의 평가는?
☆☆☆☆☆

Review
_____ 월 _____ 일

나의 평가는?
☆☆☆☆☆

이렇게 함께 해요.

☑ 공부할 날짜 쓰기

☑ 공부할 QR을 찍고 음원 듣기

☑ 공부가 끝나면 내가 칠한
    별 개수로 칭찬하기

오늘 나의 기분은?

MEMO

_____

_____

_____

_____

A는 대문자(큰 글자),
a는 소문자(작은 글자)라고 해요.
에이는 알파벳 이름이고
소리는 /애/와 비슷해요.

QR 듣기

이름 : 에이

A   a
대문자   소문자

Apple
apple
[애플]   사과

---

01 Aa(에이)의 대문자와 소문자를 따라 쓰세요.

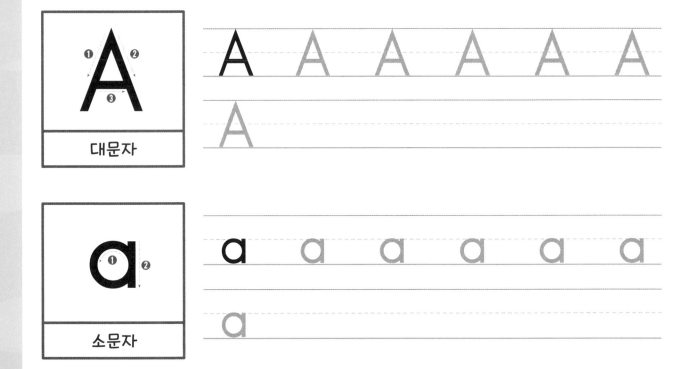

대문자

A A A A A A A
A

소문자

a a a a a a
a

단어에서
Aa를
만나 보세요.

02 다음을 듣고 알맞게 연결한 뒤, 대문자 A를 쓰세요.

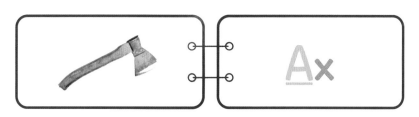

Ax

① Ant •

• _____ nimal

② Animal •

• A nt

③ Alligator •

• _____ lligator

03 다음을 듣고 알맞게 연결한 뒤, 소문자 a를 쓰세요.

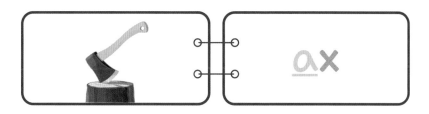

ax

① ant •

• _____ nt

② animal •

• _____ lligator

③ alligator •

• _____ nimal

첫소리를 들으며 따라 쓰고 단어를 읽어 보세요.

Aa는 /애/라고
발음해요.

①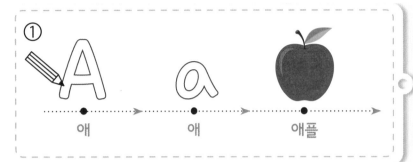

애   애   애플

A pple

a pple

②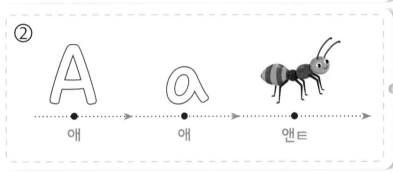

애   애   앤트

nt

nt

③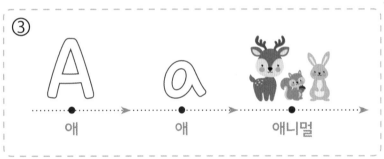

애   애   애니멀

nimal

nimal

④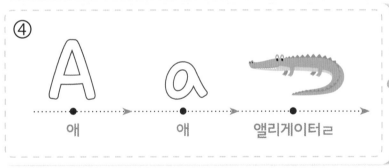

애   애   앨리게이터ㄹ

lligator

lligator

⑤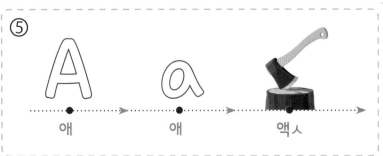

애   애   액ㅅ

x

x

알파벳 a로 시작하는 단어를 듣고 알맞게 연결한 뒤, 바르게 쓰세요.

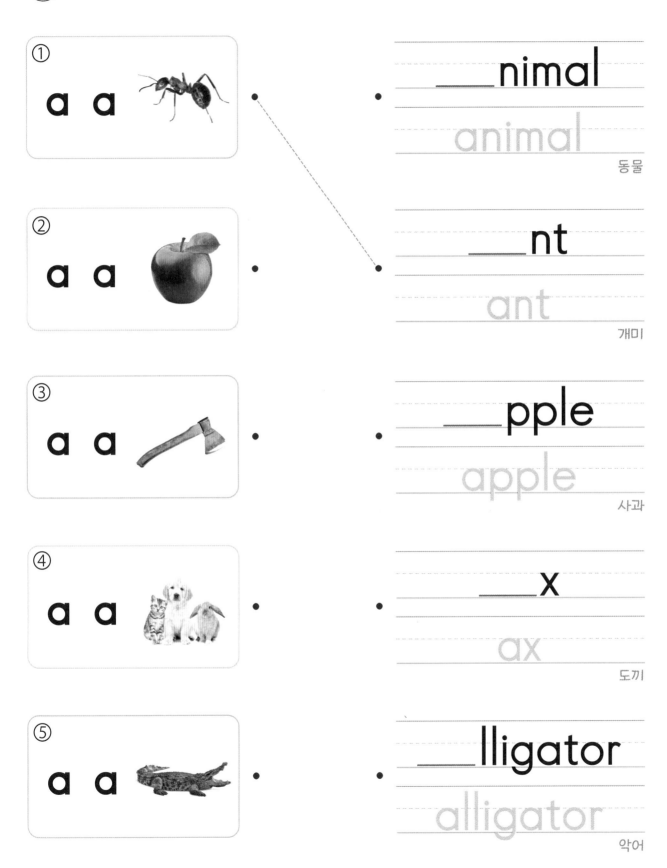

① a a

② a a

③ a a

④ a a

⑤ a a

____nimal

animal

동물

____nt

ant

개미

____pple

apple

사과

____x

ax

도끼

____lligator

alligator

악어

B는 대문자(큰 글자),
b는 소문자(작은 글자)라고 해요.
ㅂㅣ는 알파벳 이름이고
소리는 /ㅂ/와 비슷해요.

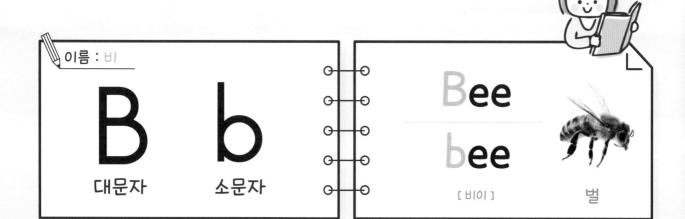

이름 : 비

B b
대문자   소문자

Bee
bee
[비이]   벌

01 Bb(비)의 대문자와 소문자를 따라 쓰세요.

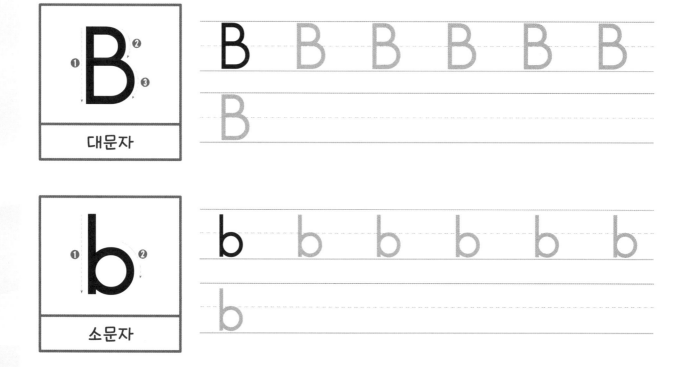

B

대문자

B B B B B B
B

b

소문자

b b b b b b
b

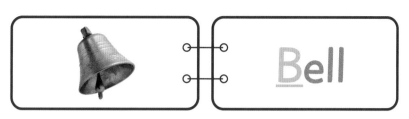

02 다음을 듣고 알맞게 연결한 뒤, 대문자 B를 쓰세요.

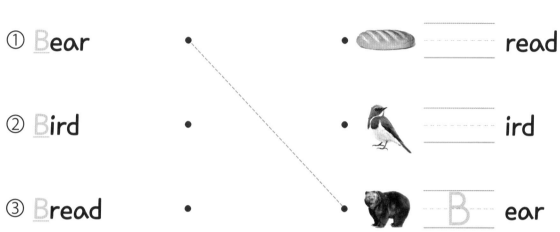

① Bear

② Bird

③ Bread

read

___ ird

B ear

---

03 다음을 듣고 알맞게 연결한 뒤, 소문자 b를 쓰세요.

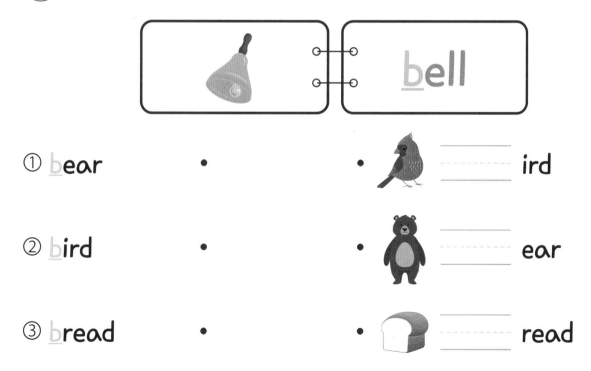

① bear

② bird

③ bread

___ ird

___ ear

read

15

04 첫소리를 들으며 따라 쓰고 단어를 읽어 보세요.

Bb는 /ㅂ/라고
발음해요.

①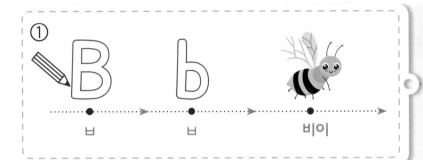

B ee

b ee

②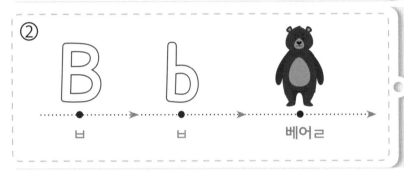

☐ ear

☐ ear

③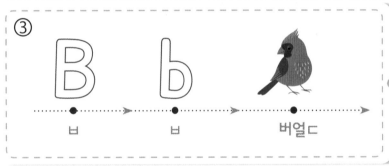

☐ ird

☐ ird

④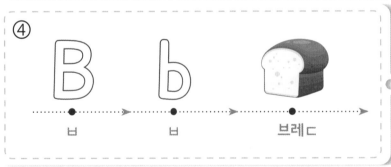

☐ read

☐ read

⑤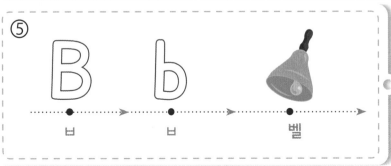

☐ ell

☐ ell

05 알파벳 b로 시작하는 단어를 듣고 알맞게 연결한 뒤, 바르게 쓰세요.

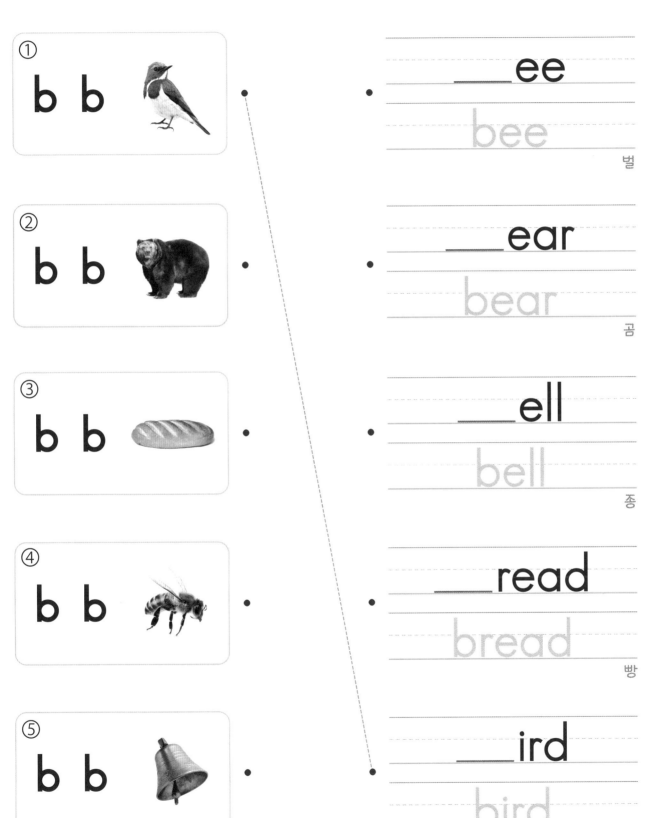

① b b

② b b

③ b b

④ b b

⑤ b b

___ee
bee
벌

___ear
bear
곰

___ell
bell
종

___read
bread
빵

___ird
bird
새

C는 대문자(큰 글자),
c는 소문자(작은 글자)라고 해요.
씨는 알파벳 이름이고
소리는 /ㅋ/와 비슷해요.

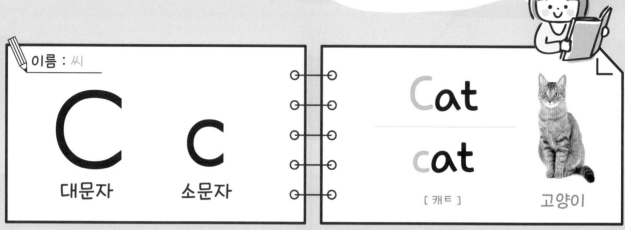

이름 : 씨

C   c
대문자   소문자

Cat
cat
[캐트]   고양이

---

01 Cc(씨)의 대문자와 소문자를 따라 쓰세요.

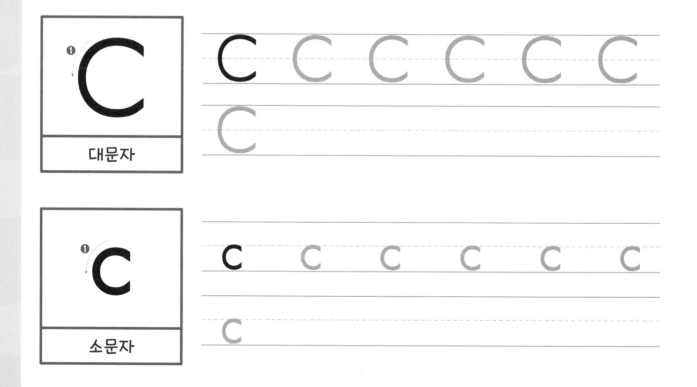

C
대문자

C C C C C C C
C

c
소문자

c c c c c c
c

단어에서 Cc를 만나 보세요.

02 다음을 듣고 알맞게 연결한 뒤, 대문자 C를 쓰세요.

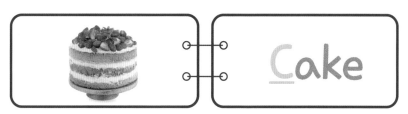

Cake

① Cow

C ow

② Cup

arrot

③ Carrot

up

03 다음을 듣고 알맞게 연결한 뒤, 소문자 c를 쓰세요.

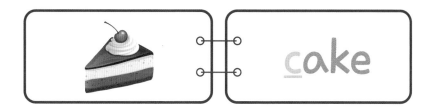

cake

① cow

up

② cup

arrot

③ carrot

ow

04 첫소리를 들으며 따라 쓰고 단어를 읽어 보세요.

Cc는 /ㅋ/라고 발음해요.

①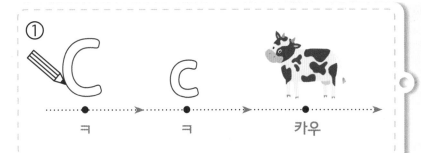
ㅋ　　ㅋ　　카우

C ow

c ow

②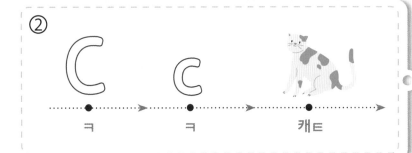
ㅋ　　ㅋ　　캐트

⬜ at

⬜ at

③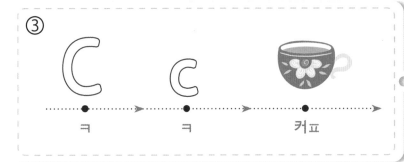
ㅋ　　ㅋ　　커ㅍ

up

up

④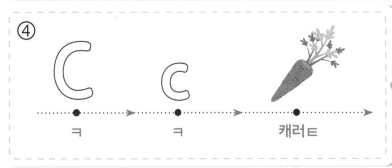
ㅋ　　ㅋ　　캐러트

⬜ arrot

⬜ arrot

⑤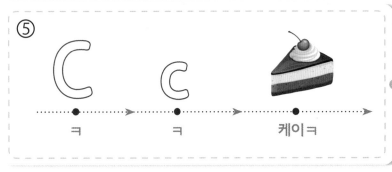
ㅋ　　ㅋ　　케이ㅋ

ake

ake

알파벳 c로 시작하는 단어를 듣고 알맞게 연결한 뒤, 바르게 쓰세요.

① **C C**

② **C C**

③ **C C**

④ **C C**

⑤ **C C**

___up

cup

컵

___at

cat

고양이

___ow

cow

젖소

___ake

cake

케이크

___arrot

carrot

당근

D는 대문자(큰 글자),
d는 소문자(작은 글자)라고 해요.
디는 알파벳 이름이고
소리는 /ㄷ/와 비슷해요.

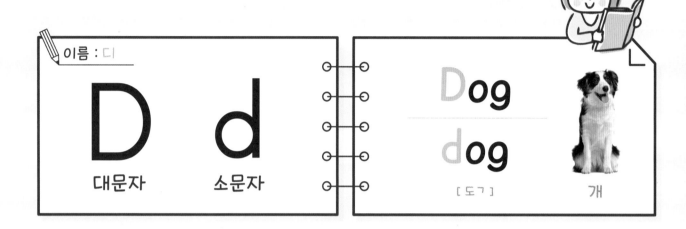

이름 : 디

D d
대문자   소문자

Dog
dog
[도그]   개

---

01 Dd(디)의 대문자와 소문자를 따라 쓰세요.

D   대문자

D D D D D D D
D

d   소문자

d d d d d d d
d

단어에서
Dd를
만나 보세요.

02 다음을 듣고 알맞게 연결한 뒤, 대문자 D를 쓰세요.

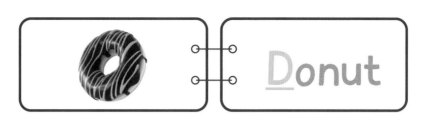

Donut

① Duck

• _____ oll

② Doll

• D uck

③ Dolphin

• _____ olphin

03 다음을 듣고 알맞게 연결한 뒤, 소문자 d를 쓰세요.

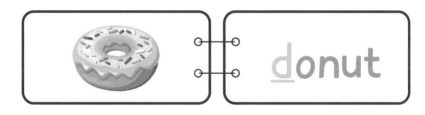

donut

① duck

• _____ uck

② doll

• _____ olphin

③ dolphin

• _____ oll

첫소리를 들으며 따라 쓰고 단어를 읽어 보세요.

Dd는 /ㄷ/라고
발음해요.

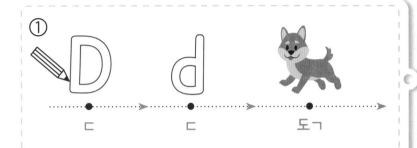

① D d ㄷ ㄷ 도ㄱ

D og

d og

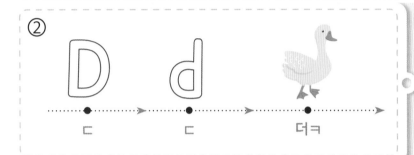

② D d ㄷ ㄷ 더ㅋ

□ uck

□ uck

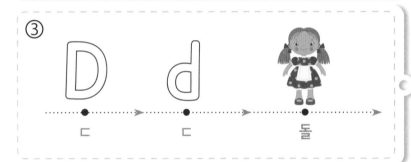

③ D d ㄷ ㄷ 돌

oll

oll

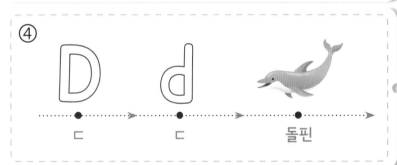

④ D d ㄷ ㄷ 돌핀

□ olphin

□ olphin

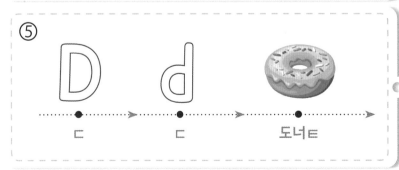

⑤ D d ㄷ ㄷ 도너ㅌ

onut

onut

알파벳 d로 시작하는 단어를 듣고 알맞게 연결한 뒤, 바르게 쓰세요.

① d d

② d d

③ d d

④ d d

⑤ d d

_____olphin

dolphin

돌고래

_____uck

duck

오리

_____onut

donut

도넛

_____oll

doll

인형

_____og

dog

개

Unit
05

E는 대문자(큰 글자),
e는 소문자(작은 글자)라고 해요.
이는 알파벳 이름이고
소리는 /에/와 비슷해요.

이름 : 이

E   e
대문자   소문자

Egg
egg
[에 ㄱ]   달걀

01 Ee(이)의 대문자와 소문자를 따라 쓰세요.

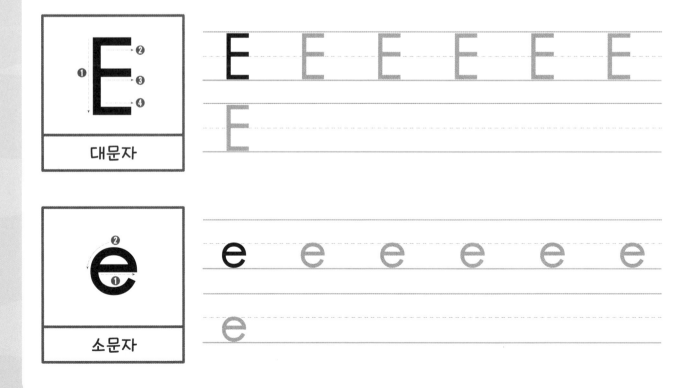

E E E E E E E
E

대문자

e e e e e e
e

소문자

다음을 듣고 알맞게 연결한 뒤, 대문자 E를 쓰세요.

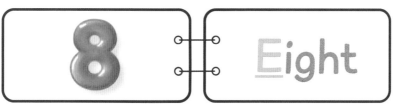

① Elephant   •

    • _____ lbow

② Elk   •

    • _____ lk

③ Elbow   •

    • E lephant

다음을 듣고 알맞게 연결한 뒤, 소문자 e를 쓰세요.

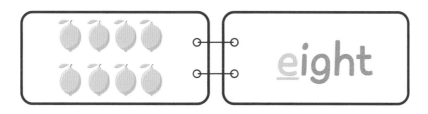

① elephant   •

    • _____ lk

② elk   •

    • _____ lephant

③ elbow   •

    • _____ lbow

Ee는 /에/라고
발음해요.

①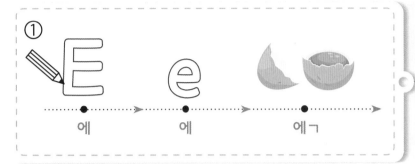

에　　에　　에ㄱ

E gg

e gg

②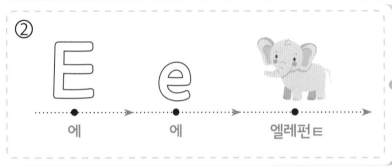

에　　에　　엘레펀ㅌ

lephant

lephant

③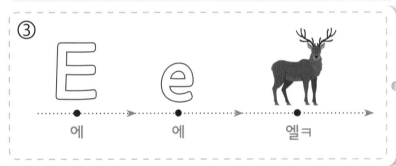

에　　에　　엘ㅋ

lk

lk

④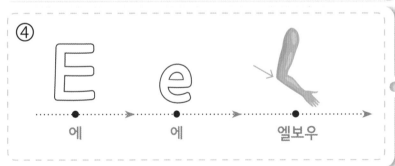

에　　에　　엘보우

lbow

lbow

⑤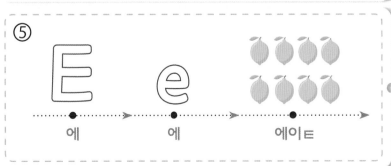

에　　에　　에이ㅌ

ight

ight

알파벳 e로 시작하는 단어를 듣고 알맞게 연결한 뒤, 바르게 쓰세요.

① ___lephant
elephant
코끼리

② ___ight
eight
8(팔), 여덟

③ ___lk
elk
엘크

④ ___lbow
elbow
팔꿈치

⑤ ___gg
egg
달걀

F는 대문자(큰 글자),
f는 소문자(작은 글자)라고 해요.
에프는 알파벳 이름이고
소리는 /ㅍ/와 비슷해요.

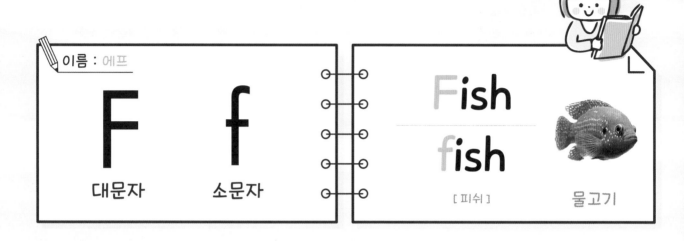

이름 : 에프

F   **f**

대문자   소문자

Fish
fish

[피쉬]   물고기

---

01 Ff(에프)의 대문자와 소문자를 따라 쓰세요.

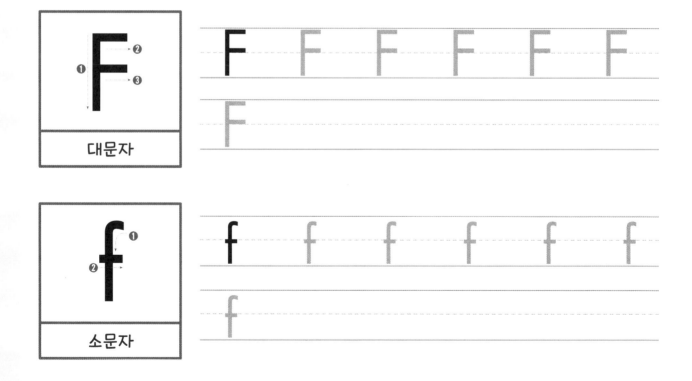

대문자

F F F F F F F
F

소문자

f f f f f f f
f

02 다음을 듣고 알맞게 연결한 뒤, 대문자 F를 쓰세요.

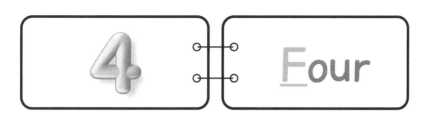

① Flower •

② Frog •

③ Fire •

•  _____ rog

• F lower

• _____ ire

---

03 다음을 듣고 알맞게 연결한 뒤, 소문자 f를 쓰세요.

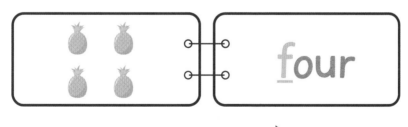

① flower •

② frog •

③ fire •

• _____ ire

• _____ rog

• _____ lower

첫소리를 들으며 따라 쓰고 단어를 읽어 보세요.

Ff는 /ㅍ/라고 발음해요.

①

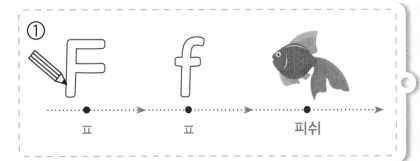

ㅍ　ㅍ　피쉬

F ish

f ish

②

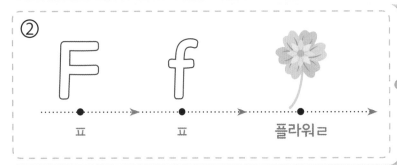

ㅍ　ㅍ　플라워ㄹ

lower

lower

③

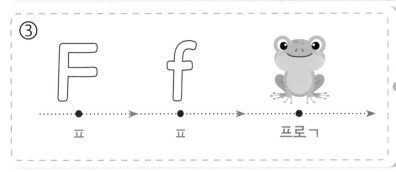

ㅍ　ㅍ　프로ㄱ

rog

rog

④

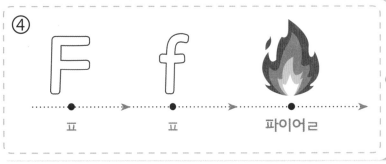

ㅍ　ㅍ　파이어ㄹ

ire

ire

⑤

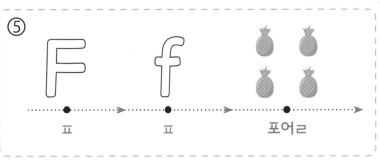

ㅍ　ㅍ　포어ㄹ

our

our

알파벳 f로 시작하는 단어를 듣고 알맞게 연결한 뒤, 바르게 쓰세요.

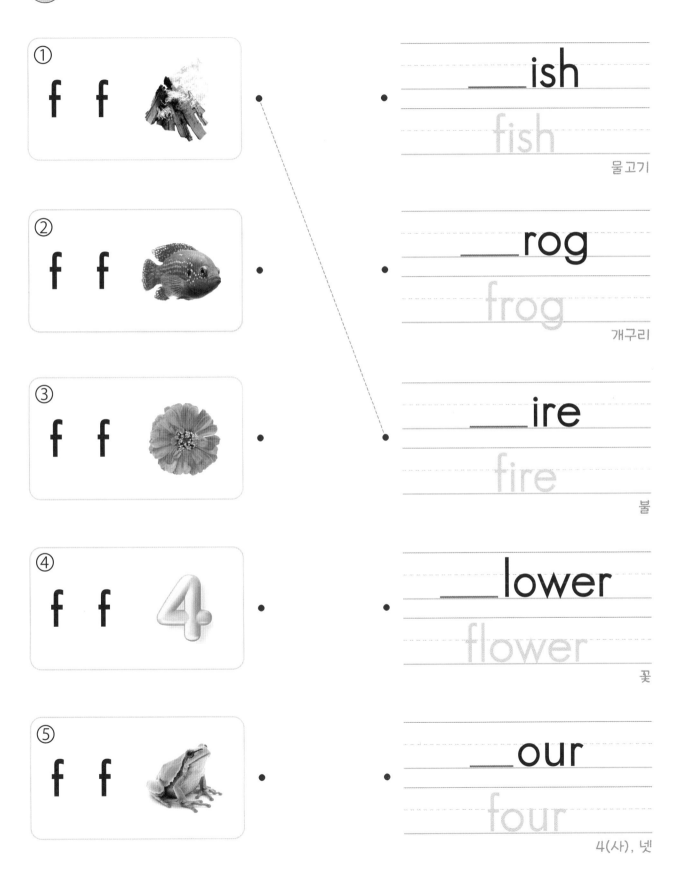

① f f

② f f

③ f f

④ f f

⑤ f f

___ish

fish
물고기

___rog

frog
개구리

___ire

fire
불

___lower

flower
꽃

___our

four
4(사), 넷

G는 대문자(큰 글자),
g는 소문자(작은 글자)라고 해요.
쥐는 알파벳 이름이고
소리는 / ㄱ /와 비슷해요.

QR 듣기

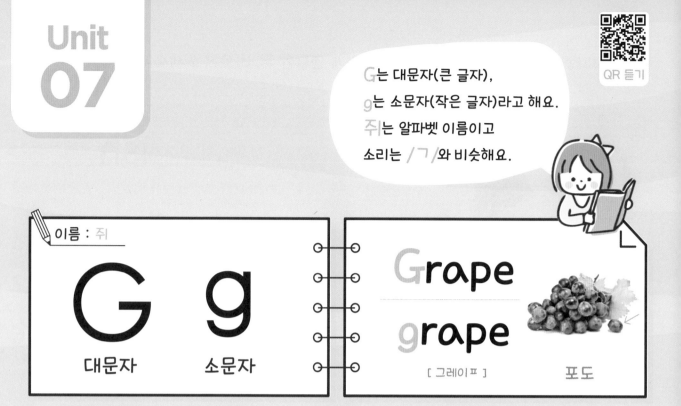

이름 : 쥐

G 대문자　**g** 소문자

Grape
grape
[그레이프]　포도

---

01 Gg (쥐)의 대문자와 소문자를 따라 쓰세요.

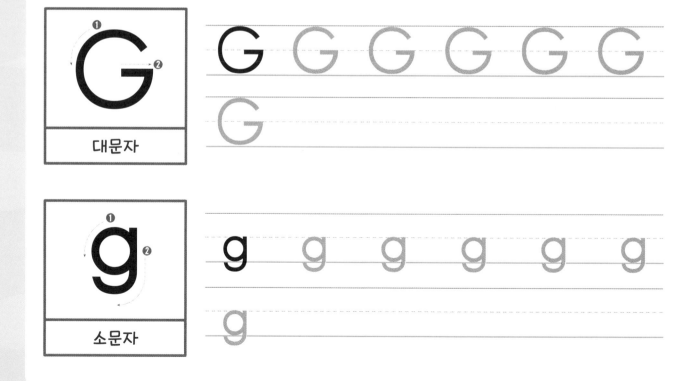

대문자

G G G G G G
G

소문자

g g g g g g
g

02 다음을 듣고 알맞게 연결한 뒤, 대문자 G를 쓰세요.

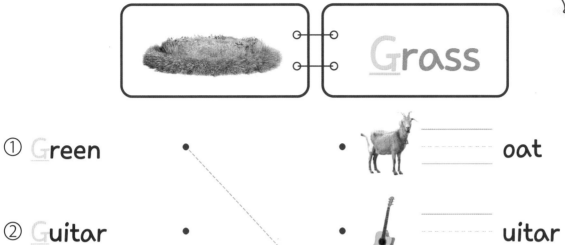

① Green

② Guitar

③ Goat

oat

uitar

G reen

---

03 다음을 듣고 알맞게 연결한 뒤, 소문자 g를 쓰세요.

① green

② guitar

③ goat

reen

oat

uitar

첫소리를 들으며 따라 쓰고 단어를 읽어 보세요.

Gg는 /ㄱ/라고
발음해요.

①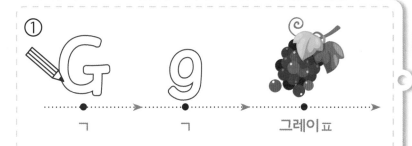

G rape

g rape

ㄱ   ㄱ   그레이ㅍ

②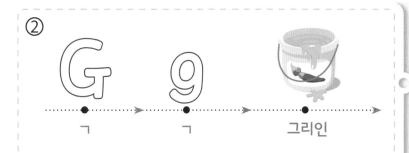

reen

reen

ㄱ   ㄱ   그리인

③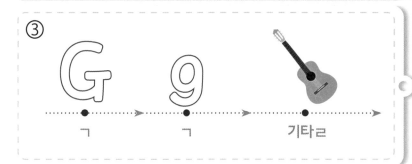

uitar

uitar

ㄱ   ㄱ   기타ㄹ

④

oat

oat

ㄱ   ㄱ   고우ㅌ

⑤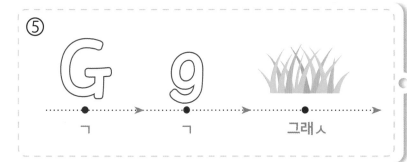

rass

rass

ㄱ   ㄱ   그래ㅅ

05 알파벳 g로 시작하는 단어를 듣고 알맞게 연결한 뒤, 바르게 쓰세요.

① g g

___rass

grass

풀, 잔디

② g g

___oat

goat

염소

③ g g

___rape

grape

포도

④ g g

___reen

green

초록색, 푸른

⑤ g g

___uitar

guitar

기타

H는 대문자(큰 글자),
h는 소문자(작은 글자)라고 해요.
에이취는 알파벳 이름이고
소리는 /ㅎ/와 비슷해요.

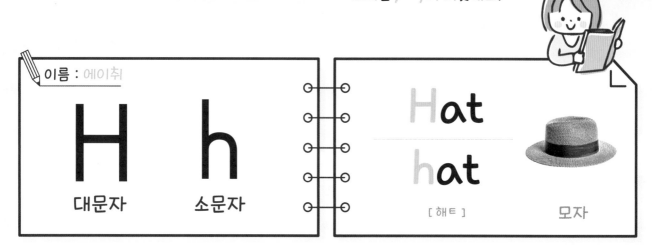

이름 : 에이취

H   h
대문자   소문자

Hat
hat
[해트]   모자

---

01 Hh (에이취)의 대문자와 소문자를 따라 쓰세요.

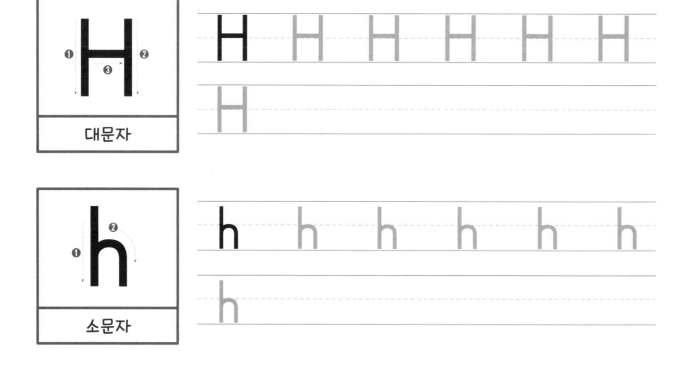

대문자

H H H H H H

H

소문자

h h h h h h

h

단어에서 Hh를 만나 보세요.

02 다음을 듣고 알맞게 연결한 뒤, 대문자 H를 쓰세요.

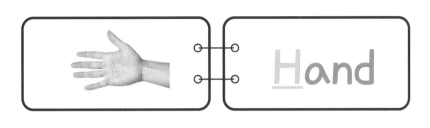

Hand

① Hen • ———————— • Hen

② House • • orse

③ Horse • • ouse

03 다음을 듣고 알맞게 연결한 뒤, 소문자 h를 쓰세요.

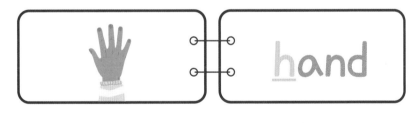

hand

① hen • • ouse

② house • • orse

③ horse • • en

첫소리를 들으며 따라 쓰고 단어를 읽어 보세요.

Hh는 /ㅎ/라고
발음해요.

①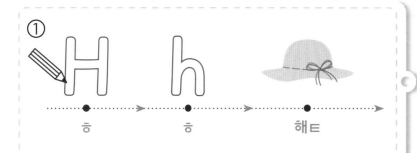

ㅎ ㅎ 해ㅌ

H at

h at

②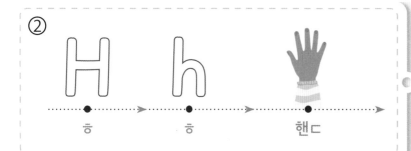

ㅎ ㅎ 핸ㄷ

☐ and

☐ and

③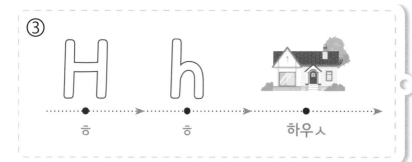

ㅎ ㅎ 하우ㅅ

ouse

ouse

④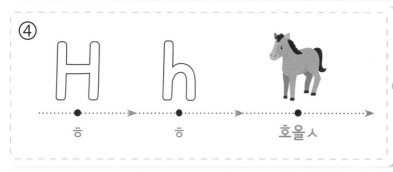

ㅎ ㅎ 호올ㅅ

☐ orse

☐ orse

⑤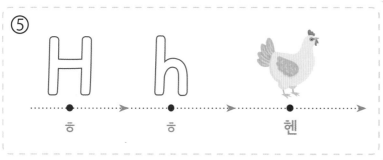

ㅎ ㅎ 헨

en

en

알파벳 h로 시작하는 단어를 듣고 알맞게 연결한 뒤, 바르게 쓰세요.

①

②

③

④

⑤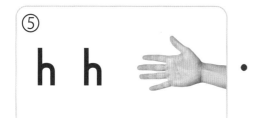

___ouse

house

집

___orse

horse

말

___and

hand

손

___at

hat

모자

___en

hen

암탉

Review

A a

Apple ant

B b

Bear bread

C c

Cat arrot

D d

Dog onut

E e

gg lephant

F f

ish rog

G g

Guitar goat

H h

Hat horse

알파벳을 색칠하고
단어의 첫소리를
들어 보세요.

42

알파벳을 보고 그 알파벳 소리로 시작하는 그림을 고르세요.

① B b

② F f

③ A a

④ E e

⑤ G g

⑥ H h

주어진 그림의 첫소리에 해당하는 알파벳을 모두 찾아 동그라미 하세요.

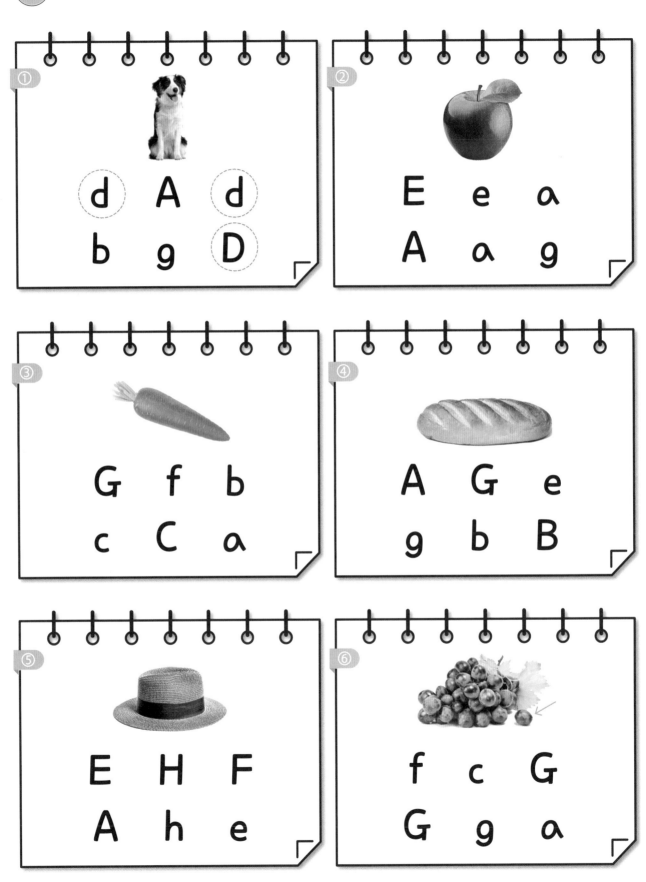

① d A d
  b g D

② E e a
  A a g

③ G f b
  c C a

④ A G e
  g b B

⑤ E H F
  A h e

⑥ f c G
  G g a

44

주어진 그림의 첫소리에 해당하는 알파벳의 대문자와 소문자를 쓰세요.

①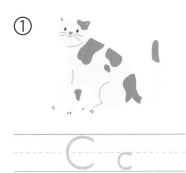

C c

②

③

④

⑤

⑥

보기와 같이 알파벳 순서에 맞도록 빈칸에 알맞은 알파벳을 쓰세요.

A - B - C   d - e - f

①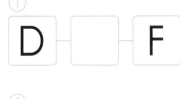

D ─ ☐ ─ F

②

c ─ d ─ ☐

③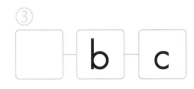

☐ ─ b ─ c

④

☐ ─ G ─ H

⑤

f ─ ☐ ─ h

⑥

☐ ─ D ─ E

CHAPTER 02

Alphabet & Sounds

알파벳 단어 차트

Ii
Ill
Ink
Iguana
Insect
Igloo

Jj
Jam
Jump
Juice
Jelly
Jeans

Kk
King
Key
Kangaroo
Koala
Kick

Ll
Lion
Leaf
Lamp
Ladybug
Lemon

Mm
Moon
Magic
Milk
Mouse
Monkey

Nn
Nut
Net
Nest
Nail
Nose

Oo
Octopus
Ostrich
Orange
Onion
Oven

Pp
Pie
Panda
Pig
Parrot
Penguin

☑ 일별 체크리스트

Unit 09 ~ 10
_____ 월 _____ 일

나의 평가는?
☆☆☆☆☆

Unit 11 ~ 12
_____ 월 _____ 일

나의 평가는?
☆☆☆☆☆

Unit 13 ~ 14
_____ 월 _____ 일

나의 평가는?
☆☆☆☆☆

Unit 15 ~ 16
_____ 월 _____ 일

나의 평가는?
☆☆☆☆☆

Review
_____ 월 _____ 일

나의 평가는?
☆☆☆☆☆

이렇게 함께 해요.

☑ 공부할 날짜 쓰기

☑ 공부할 QR을 찍고 음원 듣기

☑ 공부가 끝나면 내가 칠한
　별 개수로 칭찬하기

오늘 나의 기분은?

MEMO

_____

_____

_____

_____

Unit 09

QR 듣기

I는 대문자(큰 글자),
i는 소문자(작은 글자)라고 해요.
아이는 알파벳 이름이고
소리는 /이/와 비슷해요.

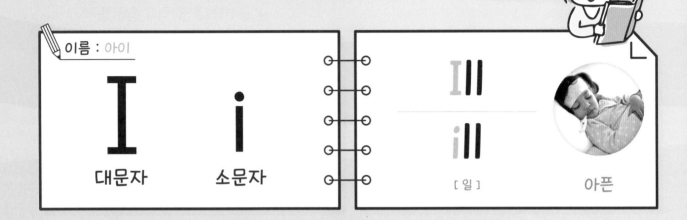

이름 : 아이

I **i**
대문자   소문자

Ill
ill
[일]   아픈

---

01 Ii(아이)의 대문자와 소문자를 따라 쓰세요.

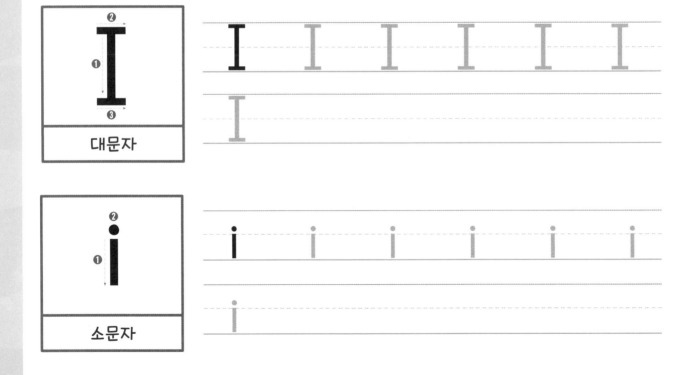

대문자

소문자

48

02 다음을 듣고 알맞게 연결한 뒤, 대문자 I를 쓰세요.

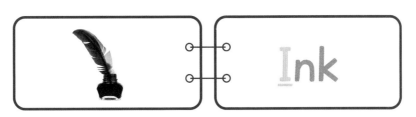
I nk

① I gloo •

• ＿＿＿＿＿ nsect

② I nsect •

• I gloo

③ I guana •

• ＿＿＿＿＿ guana

03 다음을 듣고 알맞게 연결한 뒤, 소문자 i를 쓰세요.

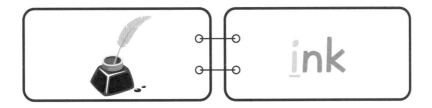
i nk

① i gloo •

• ＿＿＿＿＿ guana

② i nsect •

• ＿＿＿＿＿ nsect

③ i guana •

• ＿＿＿＿＿ gloo

49

04 첫소리를 들으며 따라 쓰고 단어를 읽어 보세요.

①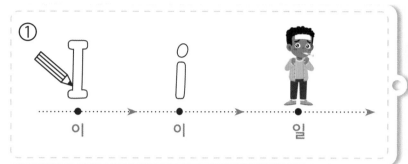

이 　　 이 　　 일

I ll

i ll

②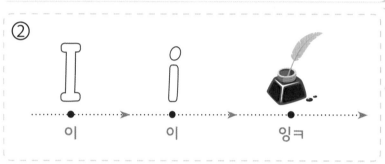

이 　　 이 　　 잉크

☐ nk

☐ nk

③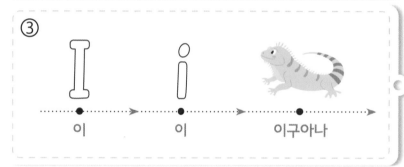

이 　　 이 　　 이구아나

guana

guana

④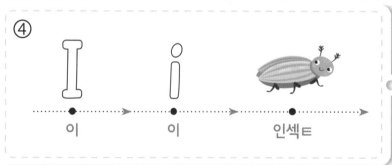

이 　　 이 　　 인섹트

nsect

nsect

⑤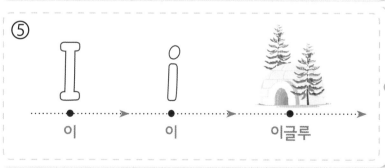

이 　　 이 　　 이글루

gloo

gloo

① i i ___guana
iguana
이구아나

② i i ___gloo
igloo
얼음집, 이글루

③ i i ___nsect
insect
곤충

④ i i ___nk
ink
잉크

⑤ i i ___ll
ill
아픈

J는 대문자(큰 글자),
j는 소문자(작은 글자)라고 해요.
제이는 알파벳 이름이고
소리는 /ㅈ/와 비슷해요.

이름 : 제이

J j
대문자   소문자

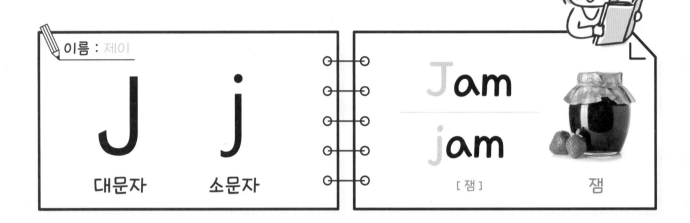

Jam
jam
[잼]   잼

01 Jj(제이)의 대문자와 소문자를 따라 쓰세요.

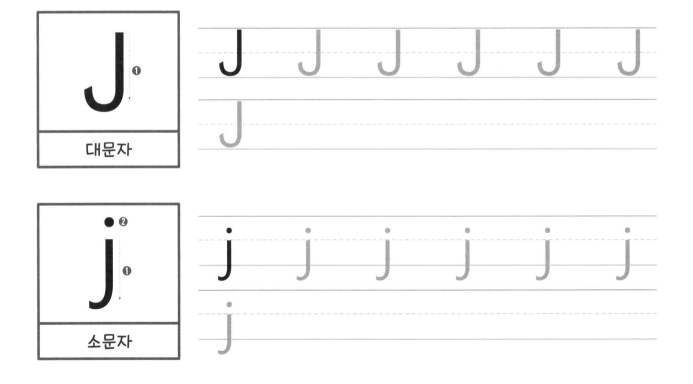

대문자   J J J J J J J
J

소문자   j j j j j j j
j

단어에서 Jj를 만나 보세요.

02 다음을 듣고 알맞게 연결한 뒤, 대문자 J를 쓰세요.

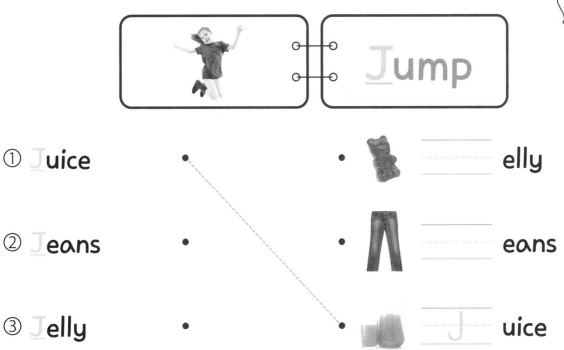

Jump

① Juice

② Jeans

③ Jelly

_____ elly

_____ eans

J uice

03 다음을 듣고 알맞게 연결한 뒤, 소문자 j를 쓰세요.

jump

① juice

② jeans

③ jelly

_____ uice

_____ elly

_____ eans

첫소리를 들으며 따라 쓰고 단어를 읽어 보세요.

Jj는 /ㅈ/라고 발음해요.

①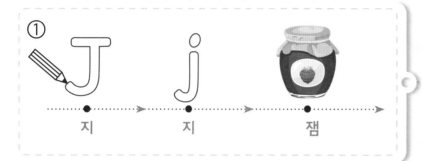

지　　　지　　　잼

J am

j am

②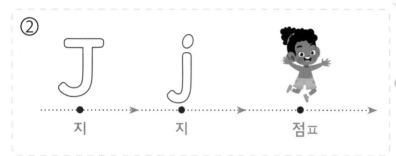

지　　　지　　　점ㅍ

ump

ump

③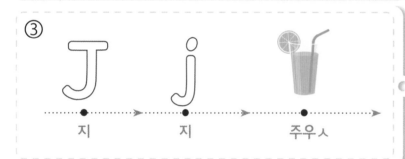

지　　　지　　　주우ㅅ

uice

uice

④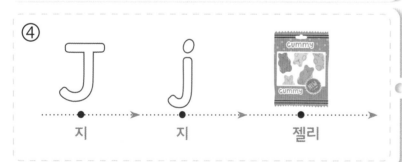

지　　　지　　　젤리

elly

elly

⑤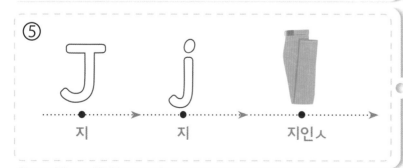

지　　　지　　　지인ㅅ

eans

eans

알파벳 j 로 시작하는 단어를 듣고 알맞게 연결한 뒤, 바르게 쓰세요.

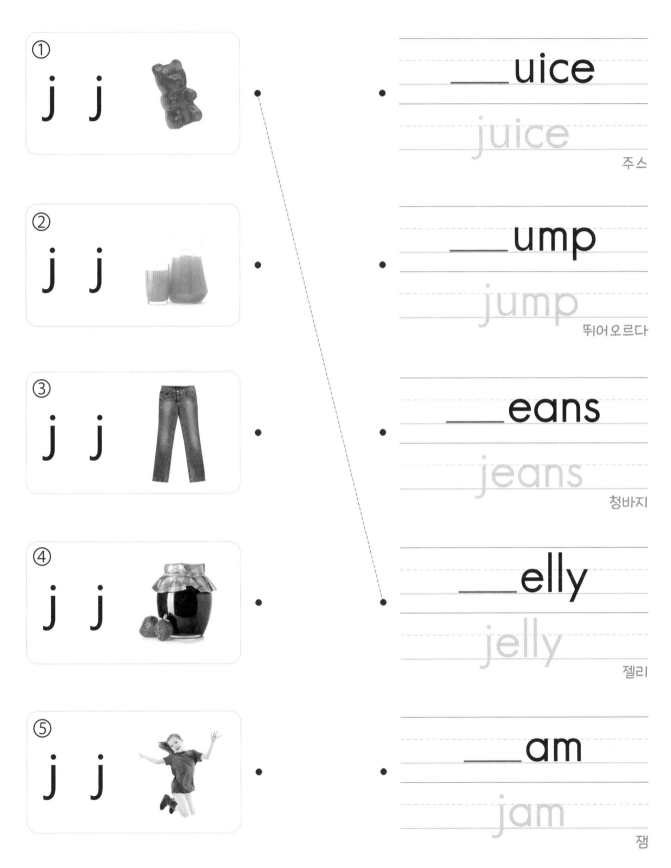

① j j

② j j

③ j j

④ j j

⑤ j j

___uice

juice

주스

___ump

jump

뛰어오르다

___eans

jeans

청바지

___elly

jelly

젤리

___am

jam

잼

QR 듣기

K는 대문자(큰 글자),
k는 소문자(작은 글자)라고 해요.
케이는 알파벳 이름이고
소리는 /ㅋ/와 비슷해요.

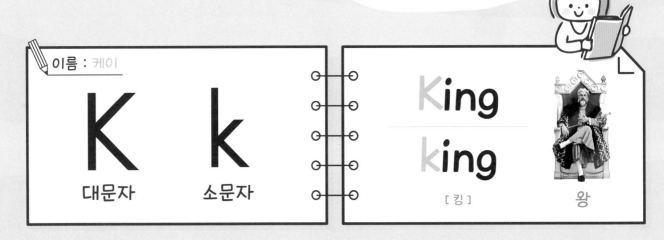

이름 : 케이

K   k
대문자   소문자

King

king

[킹]   왕

---

01 Kk(케이)의 대문자와 소문자를 따라 쓰세요.

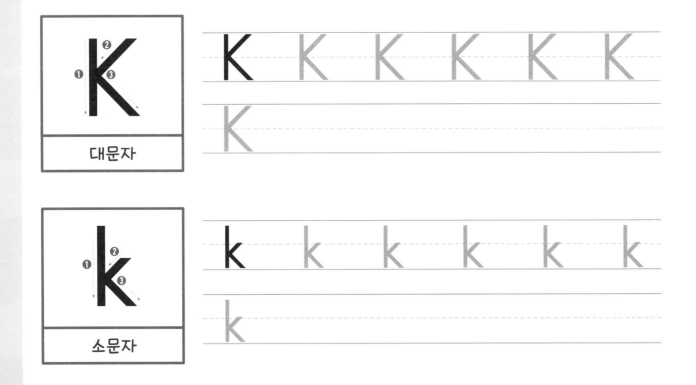

대문자

K K K K K K

K

소문자

k k k k k k

k

02 다음을 듣고 알맞게 연결한 뒤, 대문자 K를 쓰세요.

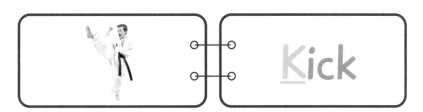

K̲ick

① K̲ey •

② K̲angaroo •

③ K̲oala •

• _____ angaroo

• K̲ ey

• _____ oala

03 다음을 듣고 알맞게 연결한 뒤, 소문자 k를 쓰세요.

k̲ick

① k̲ey •

② k̲angaroo •

③ k̲oala •

• _____ oala

• _____ ey

• _____ angaroo

04 첫소리를 들으며 따라 쓰고 단어를 읽어 보세요.

①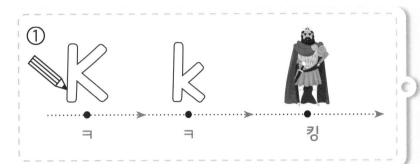

K   k

ㅋ   ㅋ   킹

K ing
k ing

②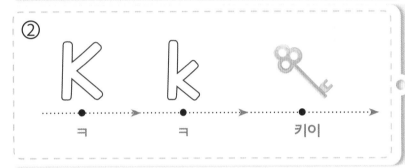

K   k

ㅋ   ㅋ   키이

⬜ey
⬜ey

③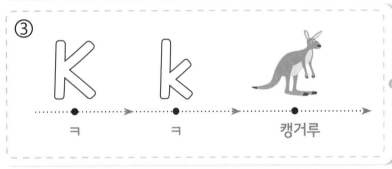

K   k

ㅋ   ㅋ   캥거루

angaroo
angaroo

④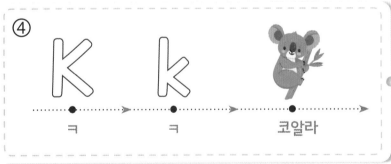

K   k

ㅋ   ㅋ   코알라

⬜oala
⬜oala

⑤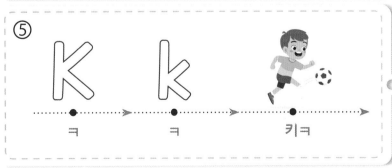

K   k

ㅋ   ㅋ   키ㅋ

ick
ick

알파벳 k로 시작하는 단어를 듣고 알맞게 연결한 뒤, 바르게 쓰세요.

① k k

② k k

③ k k

④ k k

⑤ k k

___ey

key

열쇠

___ick

kick

(발로)차다

___oala

koala

코알라

___angaroo

kangaroo

캥거루

___ing

king

왕

L은 대문자(큰 글자),
l은 소문자(작은 글자)라고 해요.
엘은 알파벳 이름이고
소리는 /ㄹ/와 비슷해요.

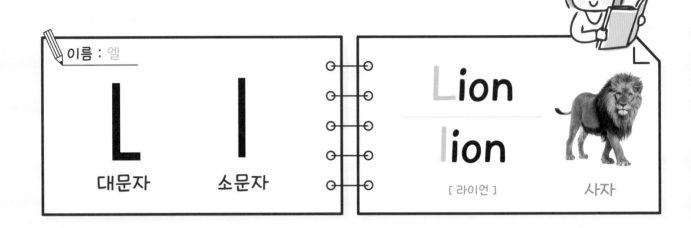

이름 : 엘

L   l
대문자   소문자

Lion
lion
[라이언]   사자

---

01 Ll(엘)의 대문자와 소문자를 따라 쓰세요.

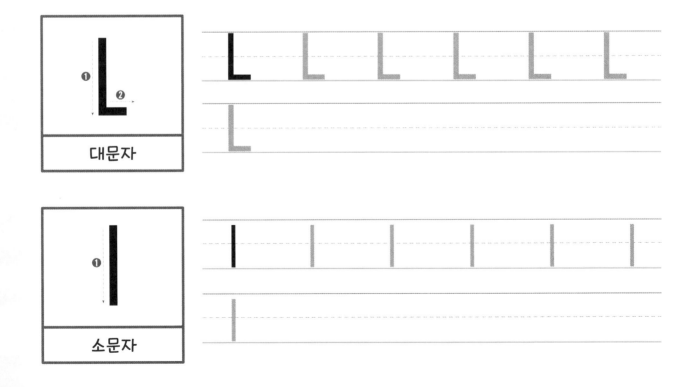

대문자

소문자

02 다음을 듣고 알맞게 연결한 뒤, 대문자 L을 쓰세요.

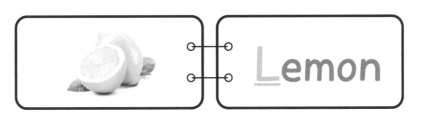

Lemon

① Leaf

② Lamp

③ Ladybug

_____adybug

_____eaf

_____amp

03 다음을 듣고 알맞게 연결한 뒤, 소문자 l을 쓰세요.

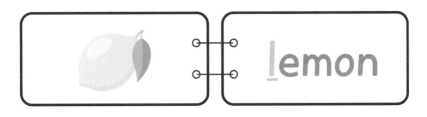

lemon

① leaf

② lamp

③ ladybug

_____amp

_____eaf

_____adybug

첫소리를 들으며 따라 쓰고 단어를 읽어 보세요.

ㄴ은 /ㄹ/라고
발음해요.

①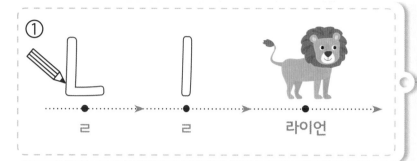

ㄹ ㄹ 라이언

L ion

l ion

②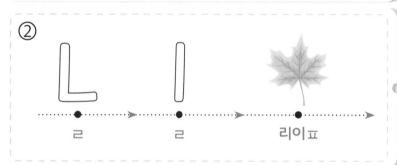

ㄹ ㄹ 리이ㅍ

eaf

eaf

③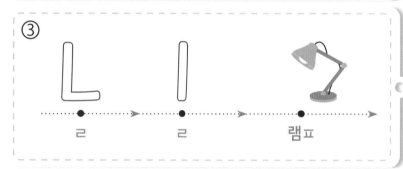

ㄹ ㄹ 램ㅍ

amp

amp

④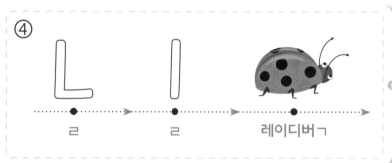

ㄹ ㄹ 레이디버ㄱ

adybug

adybug

⑤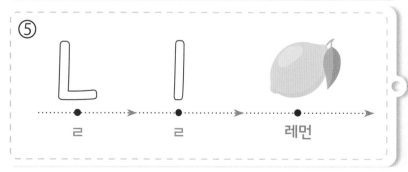

ㄹ ㄹ 레먼

emon

emon

알파벳 l로 시작하는 단어를 듣고 알맞게 연결한 뒤, 바르게 쓰세요.

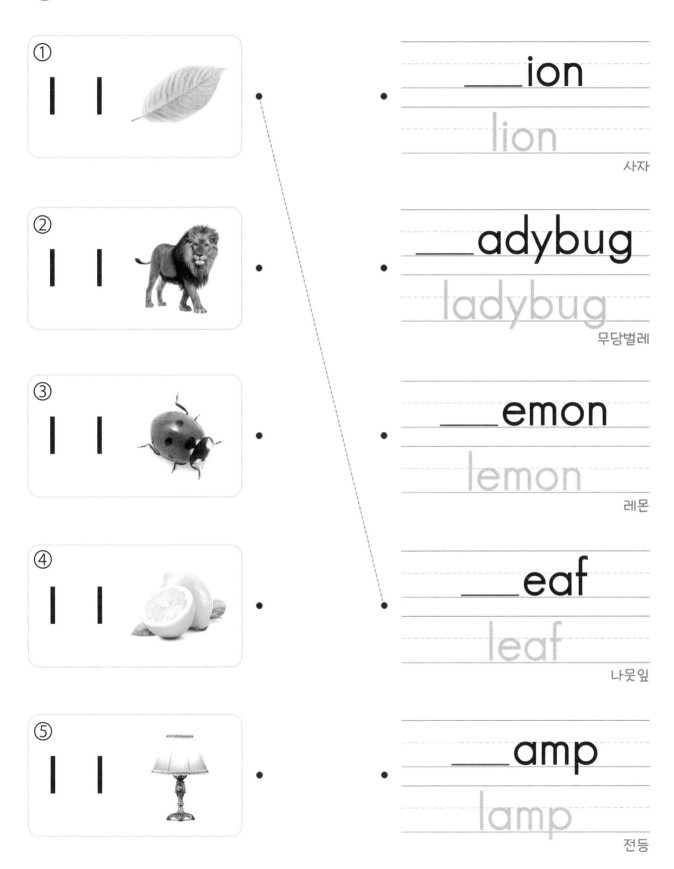

①

___ion
lion
사자

②

___adybug
ladybug
무당벌레

③

___emon
lemon
레몬

④

___eaf
leaf
나뭇잎

⑤

___amp
lamp
전등

QR 듣기

M은 대문자(큰 글자),
m은 소문자(작은 글자)라고 해요.
엠은 알파벳 이름이고
소리는 /ㅁ/와 비슷해요.

이름 : 엠

M 대문자   m 소문자

Moon
moon
[무운]

달

---

01 Mm(엠)의 대문자와 소문자를 따라 쓰세요.

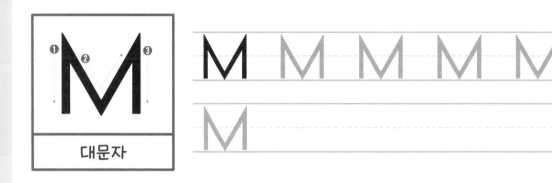

M M M M M M
M

대문자

m m m m m m
m

소문자

02 다음을 듣고 알맞게 연결한 뒤, 대문자 M을 쓰세요.

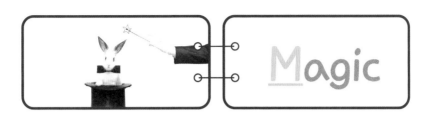

Magic

① Milk •

• _____ ouse

② Mouse •

• M ilk

③ Monkey •

• _____ onkey

03 다음을 듣고 알맞게 연결한 뒤, 소문자 m을 쓰세요.

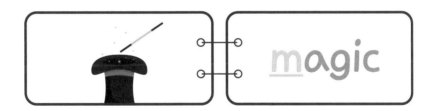

magic

① milk •

• _____ onkey

② mouse •

• _____ ilk

③ monkey •

• _____ ouse

04 첫소리를 들으며 따라 쓰고 단어를 읽어 보세요.

Mm은 /ㅁ/라고
발음해요.

①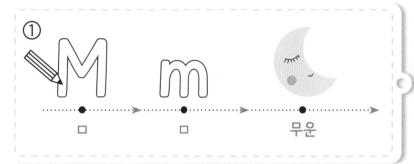

M m 무운 □ □

M oon

m oon

②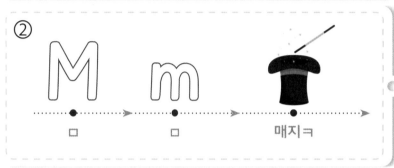

M m 매지ㅋ □ □

agic

agic

③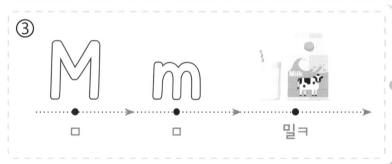

M m 밀ㅋ □ □

ilk

ilk

④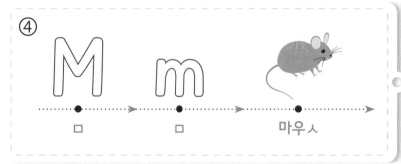

M m 마우ㅅ □ □

ouse

ouse

⑤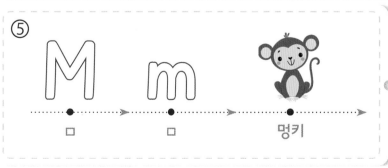

M m 멍키 □ □

onkey

onkey

알파벳 m으로 시작하는 단어를 듣고 알맞게 연결한 뒤, 바르게 쓰세요.

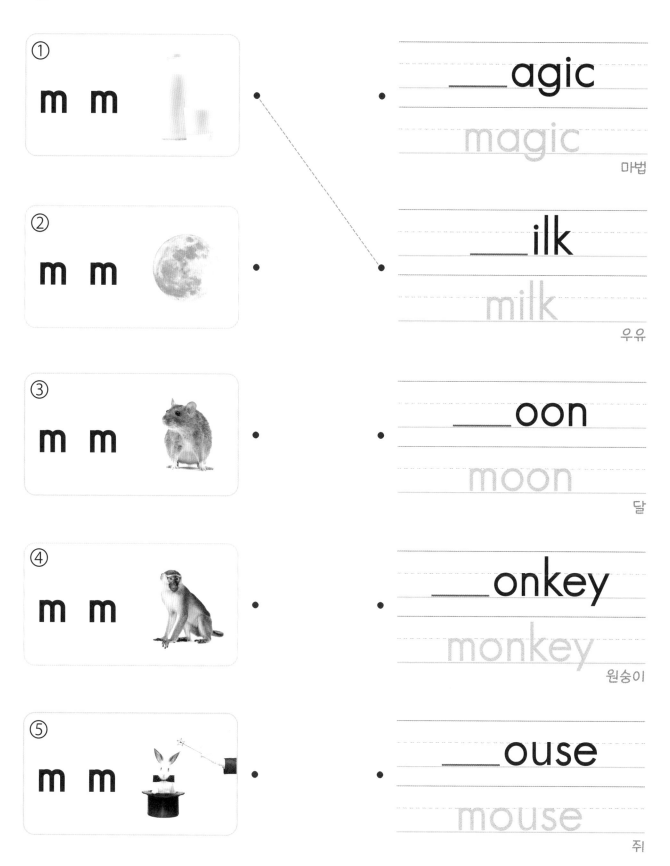

① m m

② m m

③ m m

④ m m

⑤ m m

___agic

magic
마법

___ilk

milk
우유

___oon

moon
달

___onkey

monkey
원숭이

___ouse

mouse
쥐

N은 대문자(큰 글자),
n은 소문자(작은 글자)라고 해요.
엔은 알파벳 이름이고
소리는 /ㄴ/와 비슷해요.

QR 듣기

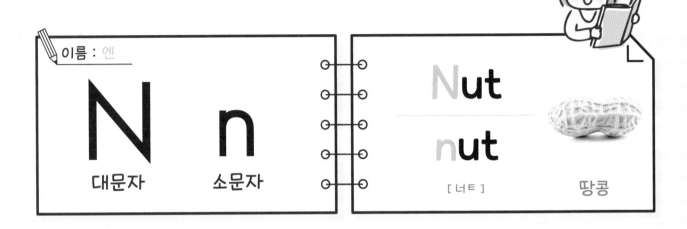

이름 : 엔

N n

대문자   소문자

Nut
nut

[너트]   땅콩

---

01 Nn(엔)의 대문자와 소문자를 따라 쓰세요.

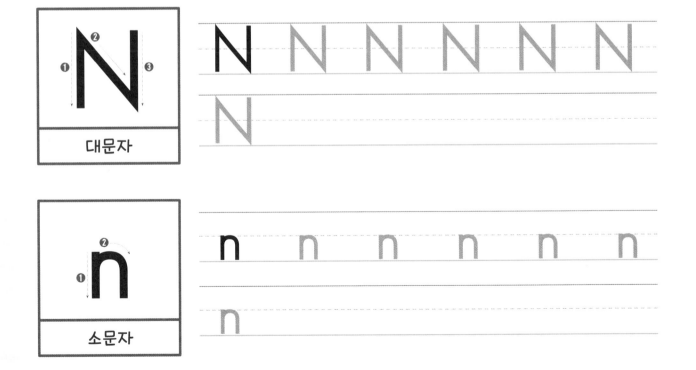

N N N N N N

N

대문자

n n n n n n

n

소문자

02 다음을 듣고 알맞게 연결한 뒤, 대문자 N을 쓰세요.

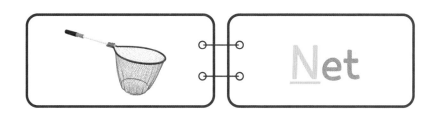

① <u>N</u>est   •   •   N est

② <u>N</u>ail   •   •   ose

③ <u>N</u>ose   •   •   ail

03 다음을 듣고 알맞게 연결한 뒤, 소문자 n을 쓰세요.

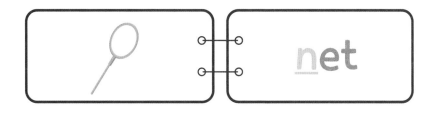

① <u>n</u>est   •   •   ail

② <u>n</u>ail   •   •   ose

③ <u>n</u>ose   •   •   est

04 첫소리를 들으며 따라 쓰고 단어를 읽어 보세요.

Nn은 /ㄴ/라고
발음해요.

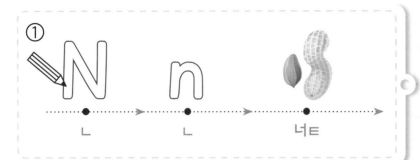

① N ut
  n ut

ㄴ   ㄴ   너ㅌ

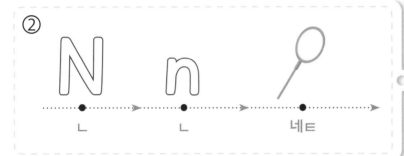

② et
  et

ㄴ   ㄴ   네ㅌ

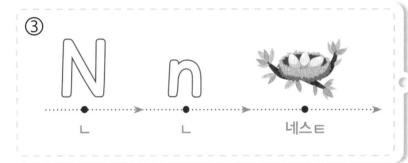

③ est
  est

ㄴ   ㄴ   네스ㅌ

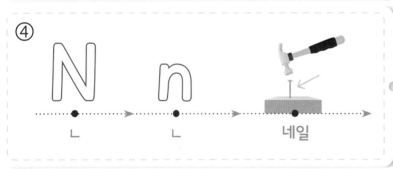

④ ail
  ail

ㄴ   ㄴ   네일

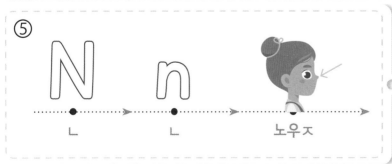

⑤ ose
  ose

ㄴ   ㄴ   노우ㅈ

알파벳 n으로 시작하는 단어를 듣고 알맞게 연결한 뒤, 바르게 쓰세요.

① n n

___est

nest

둥지

② n n

___ut

nut

견과

③ n n

___ose

nose

코

④ n n

___ail

nail

못

⑤ n n

___et

net

그물

QR 듣기

O는 대문자(큰 글자),
o는 소문자(작은 글자)라고 해요.
오 는 알파벳 이름이고
소리는 /아, 어, 오/와 비슷해요.

이름 : 오

대문자   소문자

Octopus
octopus

[악토퍼ㅅ]   문어

01 Oo(오)의 대문자와 소문자를 따라 쓰세요.

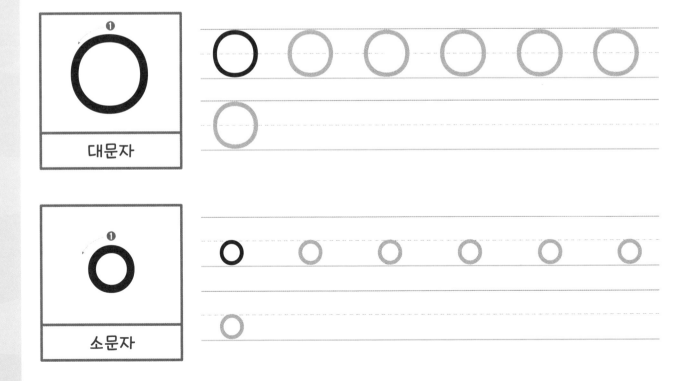

대문자

소문자

02 다음을 듣고 알맞게 연결한 뒤, 대문자 O를 쓰세요.

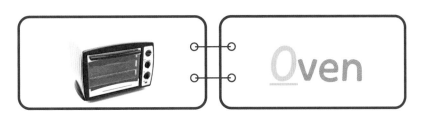

O̲ven

① O̲nion   •

② O̲strich   •

③ O̲range   •

  • _____ strich

  • _____ range

  • ◯ nion

03 다음을 듣고 알맞게 연결한 뒤, 소문자 o를 쓰세요.

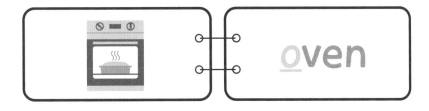

o̲ven

① o̲nion   •

② o̲strich   •

③ o̲range   •

  • _____ range

  • _____ nion

  • _____ strich

첫소리를 들으며 따라 쓰고 단어를 읽어 보세요.

Oo는
/아, 어, 오/라고
발음해요.

①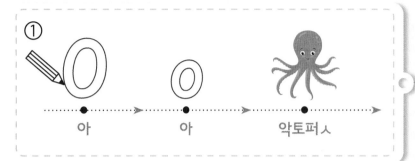

아　　아　　악토퍼ㅅ

○ ctopus

○ ctopus

②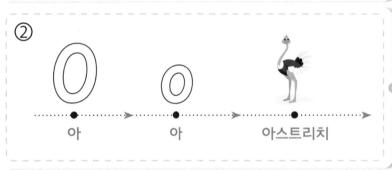

아　　아　　아스트리치

strich

strich

③ range

range

오　　오　　오린쥐

④ nion

nion

어　　어　　어니언

⑤ ven

ven

어　　어　　어븐

알파벳 o로 시작하는 단어를 듣고 알맞게 연결한 뒤, 바르게 쓰세요.

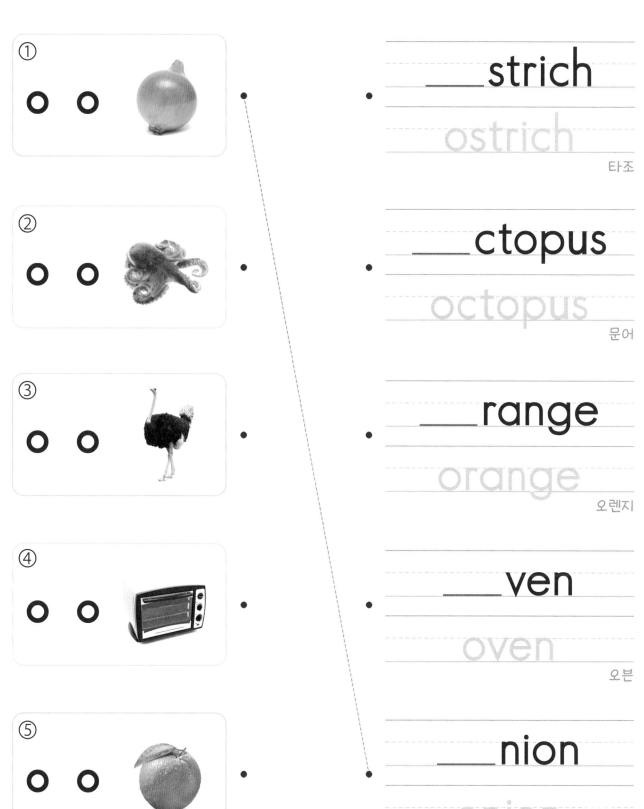

① ○ ○

② ○ ○

③ ○ ○

④ ○ ○

⑤ ○ ○

___strich

ostrich

타조

___ctopus

octopus

문어

___range

orange

오렌지

___ven

oven

오븐

___nion

onion

양파

P는 대문자(큰 글자),
p는 소문자(작은 글자)라고 해요.
ㅍ는 알파벳 이름이고
소리는 /ㅍ/와 비슷해요.

QR 듣기

이름 : ㅍ

P p

대문자 　　　 소문자

Pie
pie

[파이] 　　　 파이

---

01 Pp(ㅍ)의 대문자와 소문자를 따라 쓰세요.

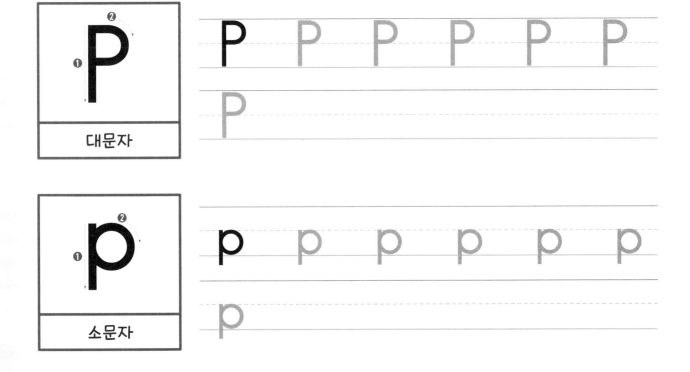

대문자

P P P P P P P
P

소문자

p p p p p p p
p

단어에서 Pp를 만나 보세요.

02 다음을 듣고 알맞게 연결한 뒤, 대문자 P를 쓰세요.

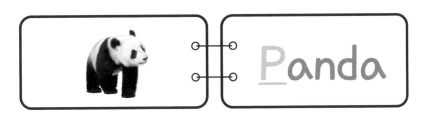
<u>P</u>anda

① <u>P</u>ig •

② <u>P</u>arrot •

③ <u>P</u>enguin •

• _____ arrot

• P ig

• _____ enguin

03 다음을 듣고 알맞게 연결한 뒤, 소문자 p를 쓰세요.

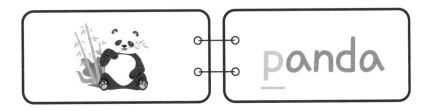
<u>p</u>anda

① <u>p</u>ig •

② <u>p</u>arrot •

③ <u>p</u>enguin •

• _____ ig

• _____ enguin

• _____ arrot

Pp는 /ㅍ/라고
발음해요.

①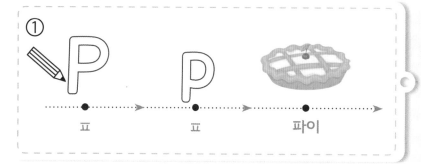

ㅍ　　ㅍ　　파이

P ie

p ie

②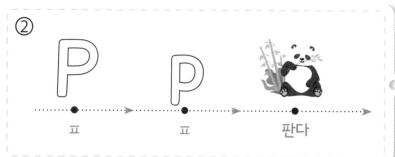

ㅍ　　ㅍ　　판다

anda

anda

③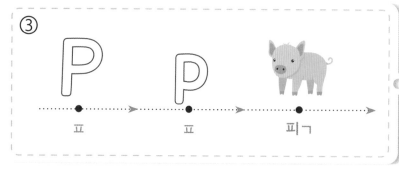

ㅍ　　ㅍ　　피ㄱ

ig

ig

④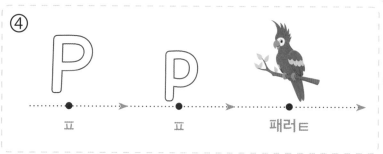

ㅍ　　ㅍ　　패러ㅌ

arrot

arrot

⑤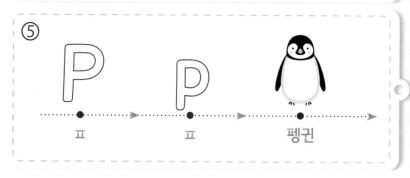

ㅍ　　ㅍ　　펭귄

enguin

enguin

알파벳 p로 시작하는 단어를 듣고 알맞게 연결한 뒤, 바르게 쓰세요.

① p p

② p p

③ p p

④ p p

⑤ p p

___ie

pie
파이

___anda

panda
판다

___arrot

parrot
앵무새

___enguin

penguin
펭귄

___ig

pig
돼지

Review

I i

Iguana Igloo

J j

Jam Jelly

K k

King Key

L l

Leaf Lemon

M m

Moon Milk

N n

Net Nest

O o

Orange Onion

P p

Pie Pig

알파벳을 색칠하고
단어의 첫소리를
들어 보세요.

알파벳을 보고 그 알파벳 소리로 시작하는 단어를 고르세요.

① J j

② N n

③ O o

④ L l

⑤ P p

⑥ I i

02 주어진 그림의 첫소리에 해당하는 알파벳을 모두 찾아 동그라미 하세요.

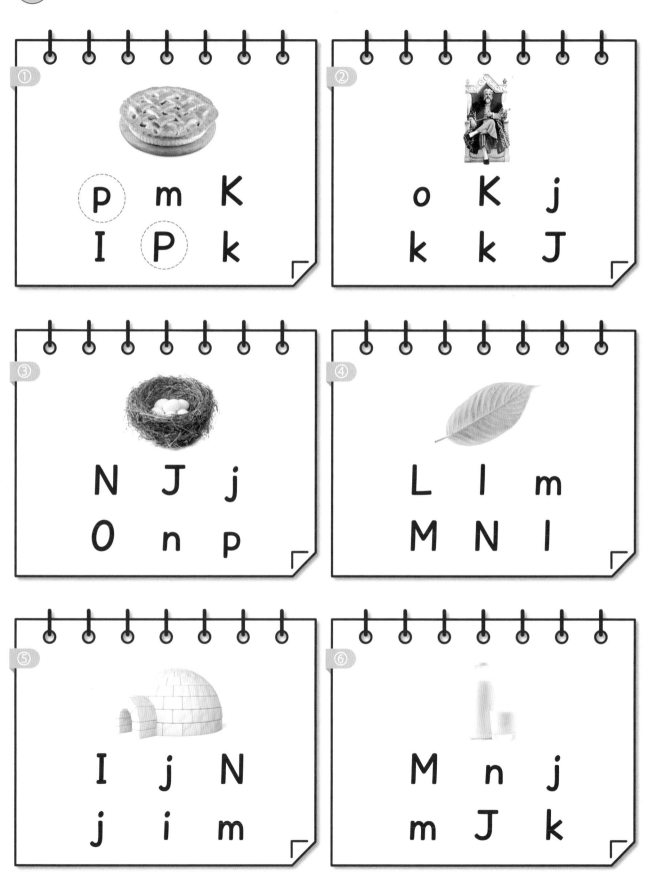

① p m K
  I P k

② o K j
  k k J

③ N J j
  O n p

④ L l m
  M N l

⑤ I j N
  j i m

⑥ M n j
  m J k

주어진 그림의 첫소리에 해당하는 알파벳의 대문자와 소문자를 쓰세요.

①

L l

②

③

④

⑤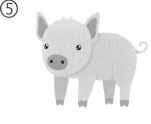

⑥

04
보기와 같이 알파벳 순서에 맞도록 빈칸에 알맞은 알파벳을 쓰세요.

J - K - L   l - m - n

① m o

②  J K

③ n o

④ O P

⑤ L M

⑥ i  k

CHAPTER 03

Alphabet & Sounds

I can read!

알파벳 단어 차트

Qq
Queen
Quiz
Quiet
Question
Quilt

Rr
Rose
Red
Robot
Ring
Rabbit

Ss
Sofa
Six
Sun
Snow
Spider

Tt
Tree
Tomato
Table
Tiger
Tennis

Uu
Up
Umbrella
Underwear
Under
Uniform

Vv
Vase
Volcano
Van
Violin
Vest

Ww
Water Wolf
Worm   Walk

Yy
Yogurt Yellow
Yoyo   Yak

Xx
X-ray Fox
Ox   Box

Zz
Zoo   Zipper
Zebra Zigzag

☑ 일별 체크리스트

Unit 17 ~ 18

_____ 월 _____ 일

나의 평가는?
☆ ☆ ☆ ☆ ☆

Unit 19 ~ 20

_____ 월 _____ 일

나의 평가는?
☆ ☆ ☆ ☆ ☆

Unit 21 ~ 22

_____ 월 _____ 일

나의 평가는?
☆ ☆ ☆ ☆ ☆

Unit 23, Review

_____ 월 _____ 일

나의 평가는?
☆ ☆ ☆ ☆ ☆

이렇게 함께 해요.

☑ 공부할 날짜 쓰기

☑ 공부할 QR을 찍고 음원 듣기

☑ 공부가 끝나면 내가 칠한
   별 개수로 칭찬하기

오늘 나의 기분은?

MEMO

_____

_____

_____

_____

Unit 17

QR 듣기

Q는 대문자(큰 글자),
q는 소문자(작은 글자)라고 해요.
큐는 알파벳 이름이고
소리는 /쿼/와 비슷해요.

이름 : 큐

Q 대문자   q 소문자

Queen
queen
[퀸]   여왕

---

01 Qq(큐)의 대문자와 소문자를 따라 쓰세요.

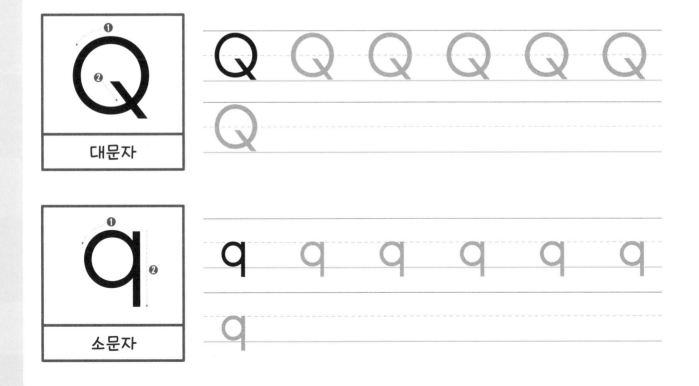

Q 대문자

Q Q Q Q Q Q
Q

q 소문자

q q q q q q
q

단어에서 Qq를 만나 보세요.

02 다음을 듣고 알맞게 연결한 뒤, 대문자 Q를 쓰세요.

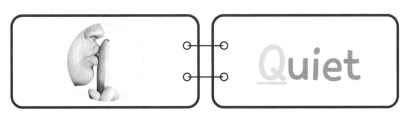

Quiet

① Quiz •   • _____ uilt

② Question •   • _____ uestion

③ Quilt •   • ___Q___ uiz

03 다음을 듣고 알맞게 연결한 뒤, 소문자 q를 쓰세요.

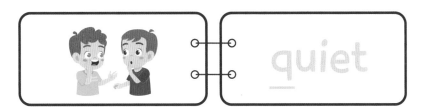

quiet

① quiz •   • _____ uestion

② question •   • _____ uiz

③ quilt •   • _____ uilt

87

04 첫소리를 들으며 따라 쓰고 단어를 읽어 보세요.

Qq는 /쿼/라고
발음해요.

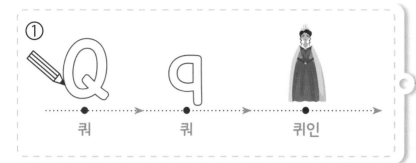

① 쿼 쿼 퀴인

Q ueen

q ueen

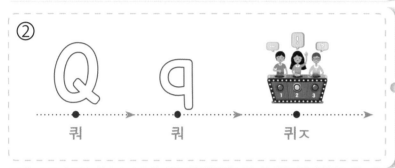

② 쿼 쿼 퀴ㅈ

uiz

uiz

③ 쿼 쿼 콰이어ㅌ

uiet

uiet

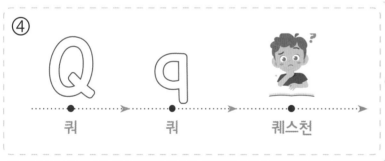

④ 쿼 쿼 퀘스천

uestion

uestion

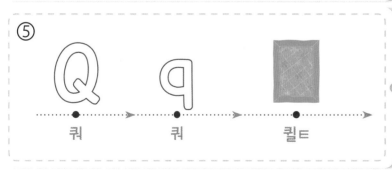

⑤ 쿼 쿼 퀼ㅌ

uilt

uilt

05

알파벳 q로 시작하는 단어를 듣고 알맞게 연결한 뒤, 바르게 쓰세요.

① q q

② q q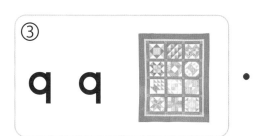

③ q q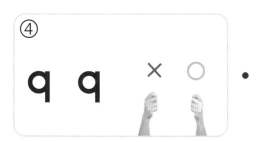

④ q q

⑤ q q

____uilt

quilt

누비이불, 퀼트

____uestion

question

질문

____ueen

queen

여왕

____uiet

quiet

조용한

____uiz

quiz

퀴즈

R은 대문자(큰 글자),
r은 소문자(작은 글자)라고 해요.
알은 알파벳 이름이고
소리는 /뤄/와 비슷해요.

QR 듣기

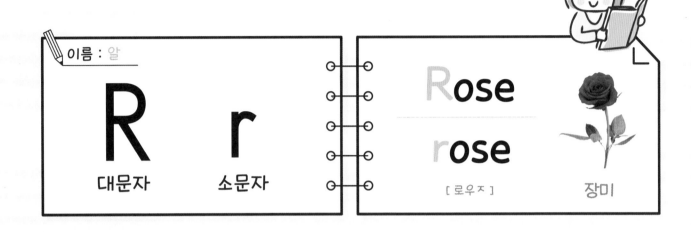

이름 : 알

R r

대문자   소문자

R ose
r ose

[로우즈]   장미

01 Rr(알)의 대문자와 소문자를 따라 쓰세요.

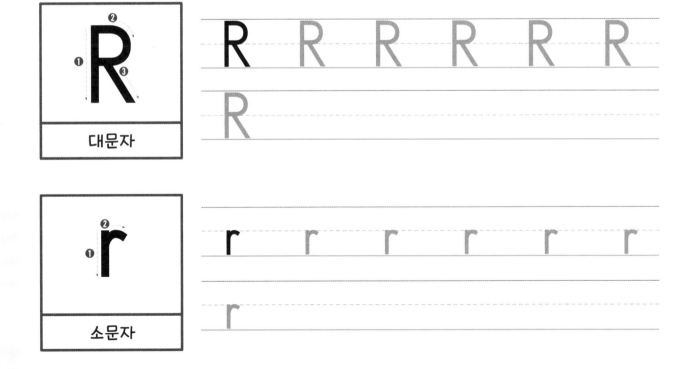

R R R R R R
R

대문자

r r r r r r
r

소문자

02 다음을 듣고 알맞게 연결한 뒤, 대문자 R을 쓰세요.

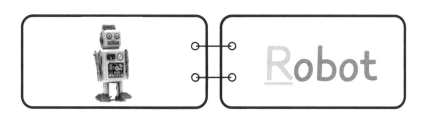

① Red

     R ed

② Ring

     _____ abbit

③ Rabbit

     _____ ing

03 다음을 듣고 알맞게 연결한 뒤, 소문자 r을 쓰세요.

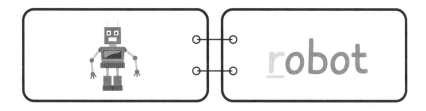

① red

     _____ ing

② ring

     _____ ed

③ rabbit

     _____ abbit

04 첫소리를 들으며 따라 쓰고 단어를 읽어 보세요.

Rr은 /뤄/라고
발음해요.

①
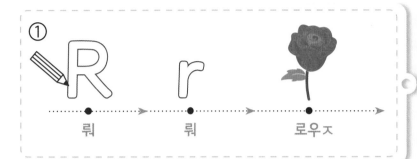
R r
뤄 뤄 로우ㅈ

R ose

r ose

②
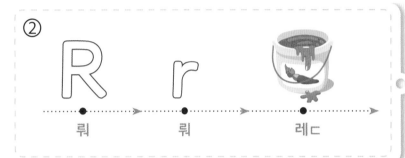
R r
뤄 뤄 레ㄷ

ed

ed

③
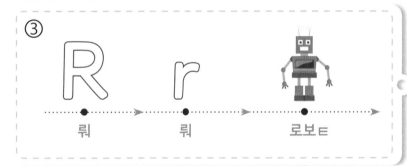
R r
뤄 뤄 로보ㅌ

obot

obot

④
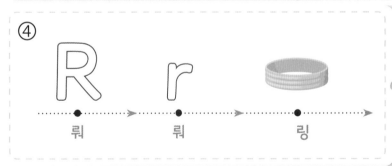
R r
뤄 뤄 링

ing

ing

⑤
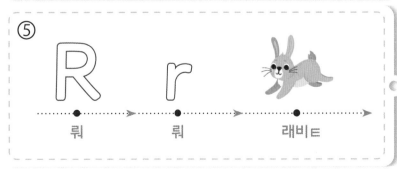
R r
뤄 뤄 래비ㅌ

abbit

abbit

알파벳 r로 시작하는 단어를 듣고 알맞게 연결한 뒤, 바르게 쓰세요.

① r r

② r r

③ r r

④ r r

⑤ r r

___ose

rose
장미

___ed

red
빨간색, 붉은

___obot

robot
로봇

___ing

ring
반지

___abbit

rabbit
토끼

S는 대문자(큰 글자),
s는 소문자(작은 글자)라고 해요.
에스는 알파벳 이름이고
소리는 /ㅅ/와 비슷해요.

QR 듣기

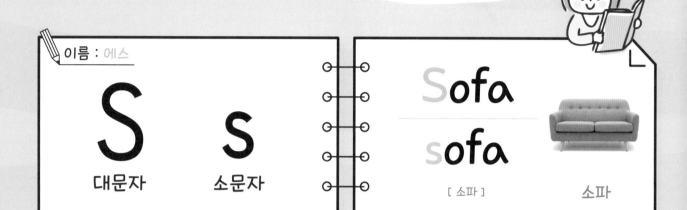

이름 : 에스

S s
대문자　　　소문자

Sofa
sofa

[소파]　　　소파

01 Ss(에스)의 대문자와 소문자를 따라 쓰세요.

S
대문자

S S S S S S
S

s
소문자

s s s s s s
s

02 다음을 듣고 알맞게 연결한 뒤, 대문자 S를 쓰세요.

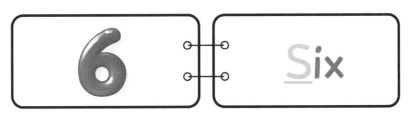

① Sun   •

① •   _____ pider

② Snow   •

② •   S un

③ Spider   •

③ •   _____ now

03 다음을 듣고 알맞게 연결한 뒤, 소문자 s를 쓰세요.

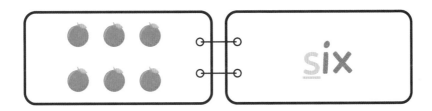

① sun   •

① •   _____ un

② snow   •

② •   _____ pider

③ spider   •

③ •   _____ now

Ss는 / ㅅ /라고 발음해요.

①

ㅅ　ㅅ　소파

s ofa

s ofa

② S S

ㅅ　ㅅ　식ㅅ

ix

ix

③ S S

ㅅ　ㅅ　선

un

un

④ S S

ㅅ　ㅅ　스노우

now

now

⑤ S S

ㅅ　ㅅ　스파이더ㄹ

pider

pider

96

05 알파벳 s로 시작하는 단어를 듣고 알맞게 연결한 뒤, 바르게 쓰세요.

① S S

② S S

③ S S

④ S S

⑤ S S

____now

snow

눈

____pider

spider

거미

____un

sun

해, 태양

____ofa

sofa

소파

____ix

six

6(육), 여섯

T는 대문자(큰 글자),
t는 소문자(작은 글자)라고 해요.
T I 는 알파벳 이름이고
소리는 / ㅌ /와 비슷해요.

QR 듣기

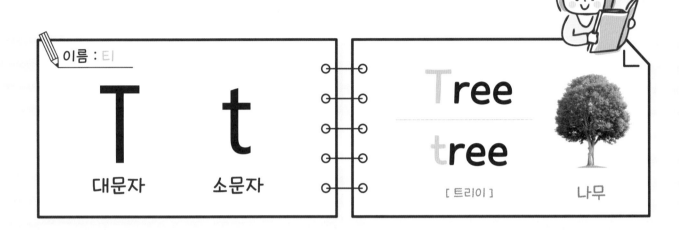

이름 : 티

T   t

대문자   소문자

Tree
tree

[트리이]   나무

---

01 Tt(티)의 대문자와 소문자를 따라 쓰세요.

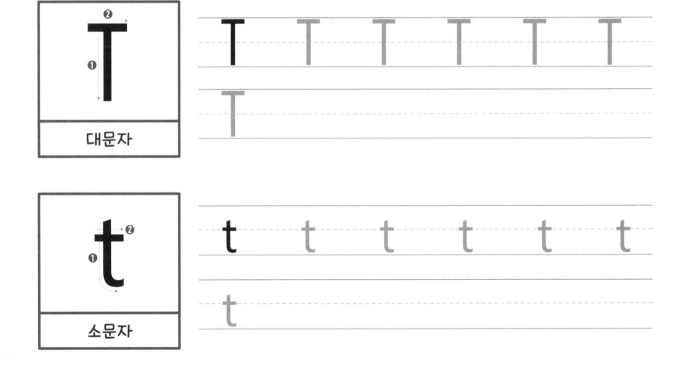

대문자

T   T   T   T   T   T   T

T

소문자

t   t   t   t   t   t   t

t

98

02 다음을 듣고 알맞게 연결한 뒤, 대문자 T를 쓰세요.

단어에서
Tt를
만나 보세요.

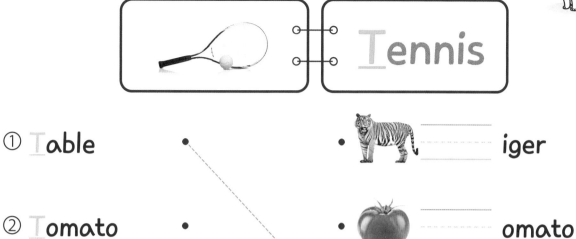

① Table

② Tomato

③ Tiger

____ iger

____ omato

T able

03 다음을 듣고 알맞게 연결한 뒤, 소문자 t를 쓰세요.

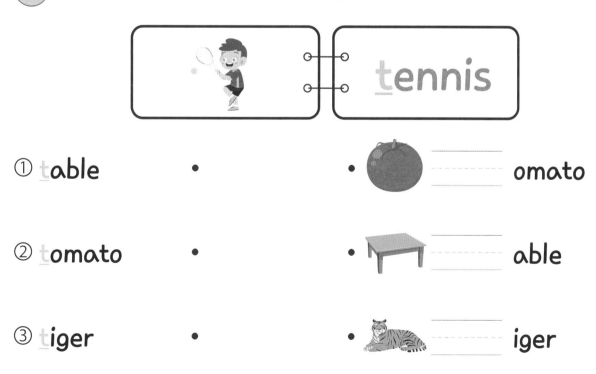

① table

② tomato

③ tiger

____ omato

____ able

____ iger

첫소리를 들으며 따라 쓰고 단어를 읽어 보세요.

Tt는 /ㅌ/라고
발음해요.

①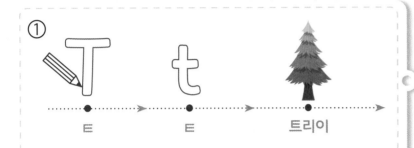

T ree

t ree

ㅌ   ㅌ   트리이

②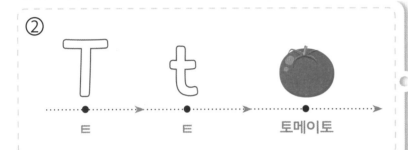

omato

omato

ㅌ   ㅌ   토메이토

③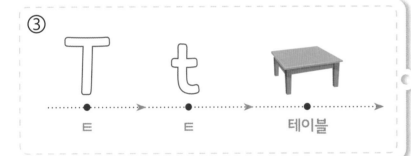

able

able

ㅌ   ㅌ   테이블

④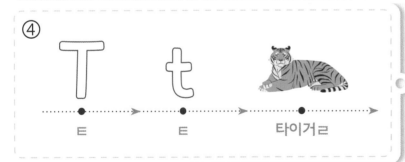

iger

iger

ㅌ   ㅌ   타이거ㄹ

⑤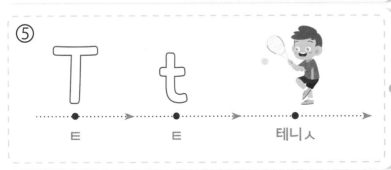

ennis

ennis

ㅌ   ㅌ   테니ㅅ

알파벳 t로 시작하는 단어를 듣고 알맞게 연결한 뒤, 바르게 쓰세요.

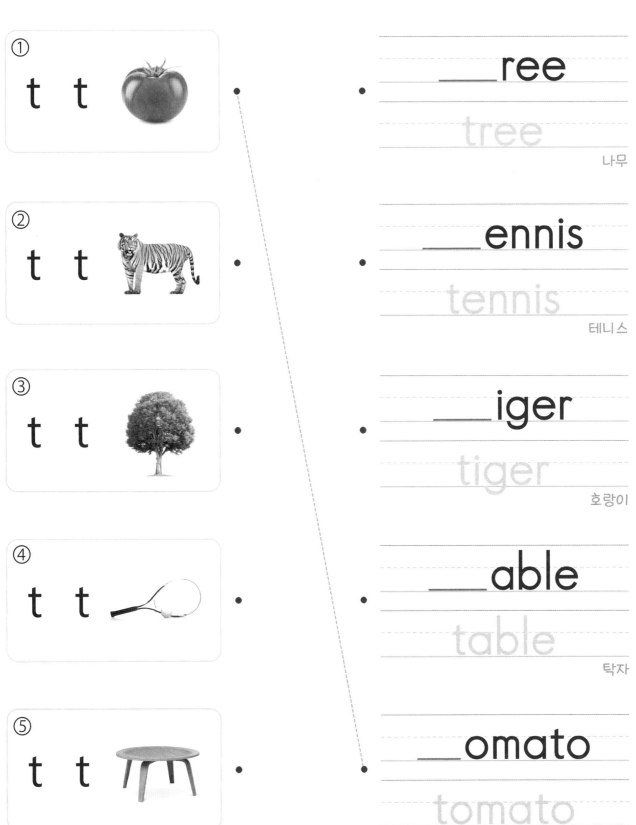

① t t

② t t

③ t t

④ t t

⑤ t t

____ree

tree

나무

____ennis

tennis

테니스

____iger

tiger

호랑이

____able

table

탁자

____omato

tomato

토마토

U는 대문자(큰 글자),
u는 소문자(작은 글자)라고 해요.
유는 알파벳 이름이고
소리는 /어, 유/와 비슷해요.

이름 : 유

U u

대문자   소문자

UP

uP

[업]   위로

01 Uu(유)의 대문자와 소문자를 따라 쓰세요.

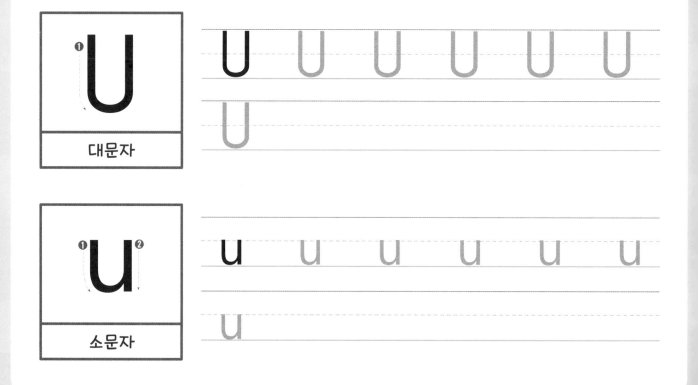

U
대문자

U U U U U U
U

u
소문자

u u u u u u
u

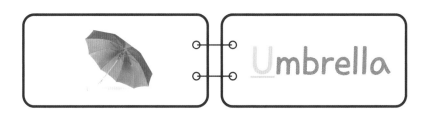

Umbrella

① Underwear •

 _____ niform

② Under •

 U_____ nderwear

③ Uniform •

• _____ nder

03 다음을 듣고 알맞게 연결한 뒤, 소문자 u를 쓰세요.

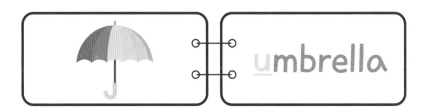

umbrella

① underwear •

 _____ nderwear

② under •

 _____ niform

③ uniform •

 _____ nder

04 첫소리를 들으며 따라 쓰고 단어를 읽어 보세요.

①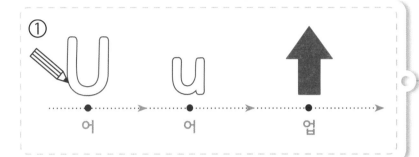

어　　　　어　　　　업

u p

u p

②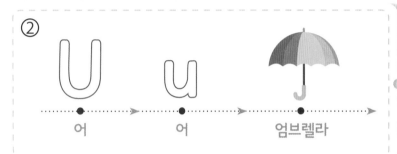

어　　　　어　　　엄브렐라

mbrella

mbrella

③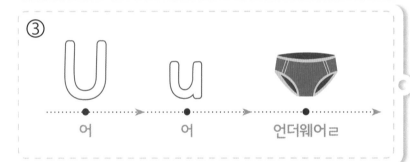

어　　　　어　　　언더웨어ㄹ

nderwear

nderwear

④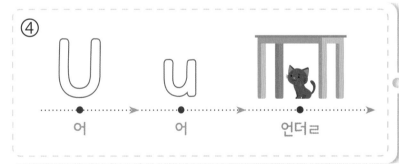

어　　　　어　　　　언더ㄹ

nder

nder

⑤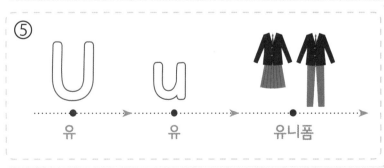

유　　　　유　　　유니폼

niform

niform

알파벳 u로 시작하는 단어를 듣고 알맞게 연결한 뒤, 바르게 쓰세요.

① u u

___mbrella

umbrella

우산

② u u

___p

up

위로

③ u u

___nder

under

아래에

④ u u

___nderwear

underwear

속옷

⑤ u u

___niform

uniform

제복, 교복

V는 대문자(큰 글자),
v는 소문자(작은 글자)라고 해요.
뷔는 알파벳 이름이고
소리는 /ㅂ/와 비슷해요.

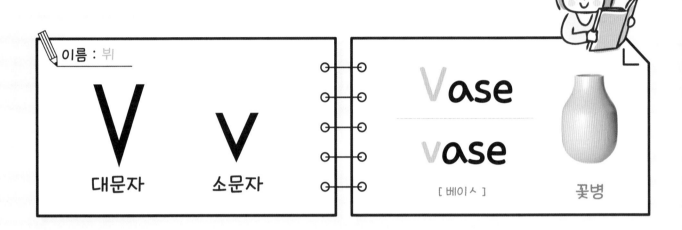

이름 : 뷔

V   v
대문자   소문자

Vase
vase
[베이스]   꽃병

01 Vv(뷔)의 대문자와 소문자를 따라 쓰세요.

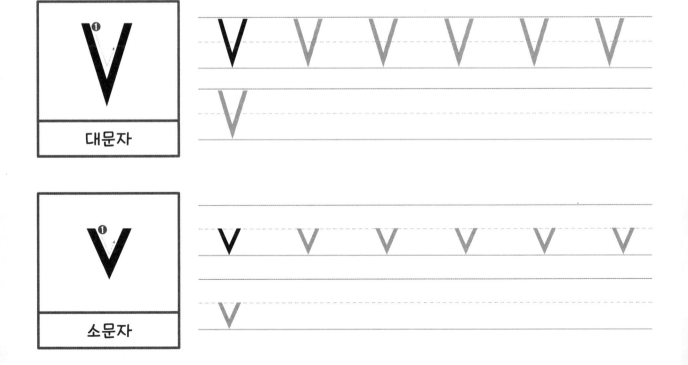

대문자

소문자

단어에서 Vv를 만나 보세요.

02 다음을 듣고 알맞게 연결한 뒤, 대문자 V를 쓰세요.

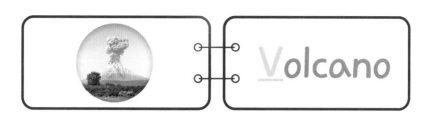

Volcano

① Van ● －－－－－－－－－－－ ● V an

② Violin ● ● _____ est

③ Vest ● ● _____ iolin

03 다음을 듣고 알맞게 연결한 뒤, 소문자 v를 쓰세요.

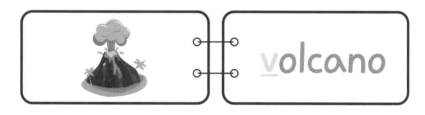

volcano

① van ● ● _____ iolin

② violin ● ● _____ an

③ vest ● ● _____ est

Vv는 /ㅂ/라고
발음해요.

①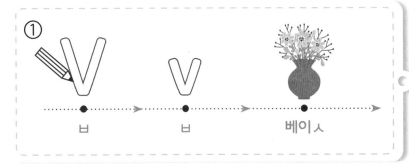

ㅂ   ㅂ   베이스

V ase

V ase

②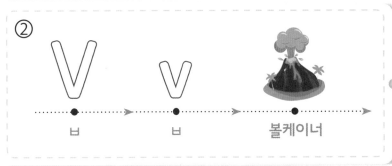

ㅂ   ㅂ   볼케이너

olcano

olcano

③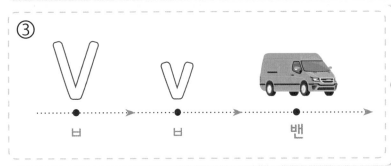

ㅂ   ㅂ   밴

an

an

④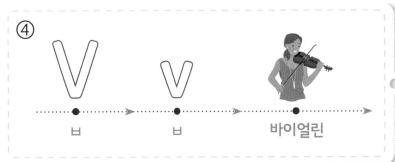

ㅂ   ㅂ   바이얼린

iolin

iolin

⑤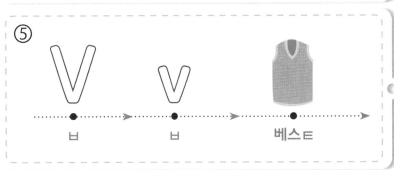

ㅂ   ㅂ   베스트

est

est

알파벳 v로 시작하는 단어를 듣고 알맞게 연결한 뒤, 바르게 쓰세요.

① **V V**

② **V V**

③ **V V**

④ **V V**

⑤ **V V**

___ase

vase

꽃병

___olcano

volcano

화산

___est

vest

조끼

___iolin

violin

바이올린

___an

van

승합차, 밴

109

W는 대문자(큰 글자),

w는 소문자(작은 글자)라고 해요.

X는 대문자(큰 글자),

x는 소문자(작은 글자)라고 해요.

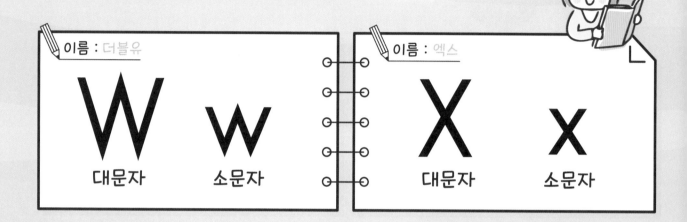

이름 : 더블유

W   w

대문자   소문자

이름 : 엑스

X   x

대문자   소문자

01 Ww(더블유), Xx(엑스)의 대문자와 소문자를 따라 쓰세요.

02 다음을 듣고 알맞게 연결한 뒤, 대문자 W 또는 소문자 w를 쓰세요.

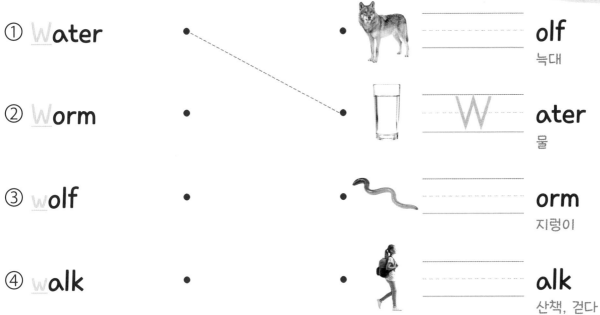

① Water •

② Worm •

③ wolf •

④ walk •

• olf
늑대

• W ater
물

• orm
지렁이

• alk
산책, 걷다

03 다음을 듣고 알맞게 연결한 뒤, 대문자 X 또는 소문자 x를 쓰세요.

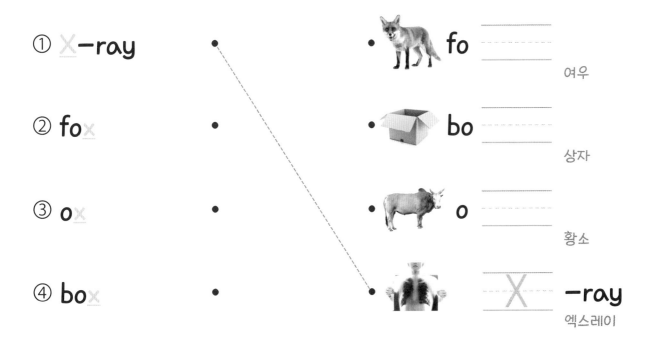

① X-ray •

② fox •

③ ox •

④ box •

• fo
여우

• bo
상자

• o
황소

• X -ray
엑스레이

Y는 대문자(큰 글자),
y는 소문자(작은 글자)라고 해요.
Z는 대문자(큰 글자),
z는 소문자(작은 글자)라고 해요.

이름 : 와이

Y y
대문자　　　소문자

이름 : 지

Z z
대문자　　　소문자

01 Yy(와이), Zz(지)의 대문자와 소문자를 따라 쓰세요.

Y Y Y Y Y

y y y y y

Z Z Z Z Z

z z z z z

02 다음을 듣고 알맞게 연결한 뒤, 대문자 Y 또는 소문자 y를 쓰세요.

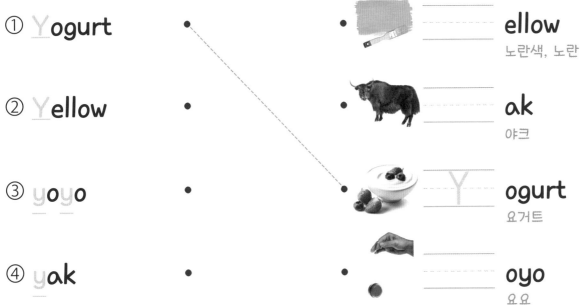

① Yogurt　　　　•

② Yellow　　　　•

③ yoyo　　　　•

④ yak　　　　•

ellow
노란색, 노란

ak
야크

Y ogurt
요거트

oyo
요요

03 다음을 듣고 알맞게 연결한 뒤, 대문자 Z 또는 소문자 z를 쓰세요.

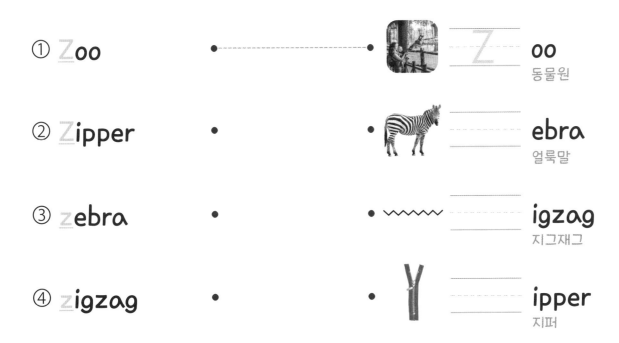

① Zoo　　　　•

② Zipper　　　　•

③ zebra　　　　•

④ zigzag　　　　•

Z oo
동물원

ebra
얼룩말

igzag
지그재그

ipper
지퍼

113

Review

Qq

Queen quiz

Rr

Rose red

Ss

Sun sofa

Tt

Tree tennis

Uu

Up umbrella

Vv

Van violin

Ww

Worm water

Xx

X-ray fox

Yy

Yellow yak

Zz

Zoo zebra

알파벳을 색칠하고
단어의 첫소리를
들어 보세요.

알파벳을 쓰고 그 알파벳 소리로 시작하는 단어를 고르세요.

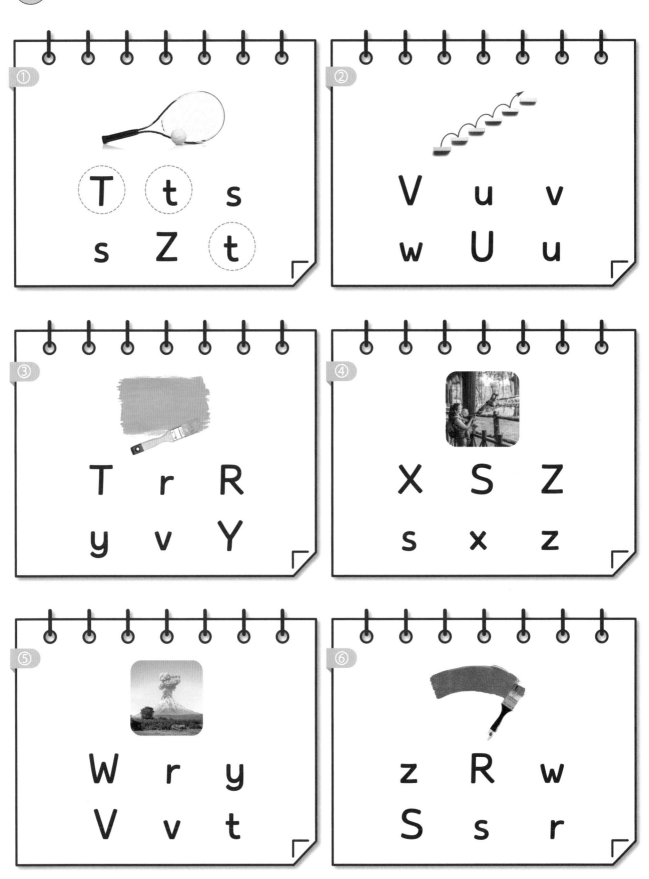

03 주어진 그림의 첫소리에 해당하는 알파벳의 대문자와 소문자를 쓰세요.

① S s

②

③

④

⑤

⑥

04 보기와 같이 알파벳 순서에 맞도록 빈칸에 알맞은 알파벳을 쓰세요.

T – U – V   q – r – s

① S T ☐

② t ☐ v

③ ☐ x y

④ X ☐ Z

⑤ ☐ r s

⑥ ☐ R S

Alphabet
Review

대소문자·발음 복습하기

I can read!

☑ 일별 체크리스트

Unit 24	_____ 월 _____ 일	나의 평가는? ☆ ☆ ☆ ☆ ☆
Unit 25	_____ 월 _____ 일	나의 평가는? ☆ ☆ ☆ ☆ ☆

알파벳 대문자 총정리

지금까지 배운 **알파벳(alphabet)**을 말해 봐요.
알파벳은 모두 **26개의 글자**로 되어 있고, 각각 대문자와 소문자가 있어요.
대문자는 이름을 쓰거나 문장을 쓸 때 가장 맨 앞에 사용해요.

01 알파벳 대문자 전체를 따라 쓰며 말해 보세요.

02 알파벳을 말하며 스스로 써 보세요.

A B C D E F G H I

J K L M N O P Q R

S T U V W X Y Z

알파벳 소문자 총정리

알파벳(alphabet)에는 소문자가 따로 있다는 것을 배웠어요.
알파벳 **소문자**도 모두 **26개의 글자**로 대문자와 이름은 같지만,
글자 모양이 작고 다르기 때문에 순서대로 다시 써 봐요.

01 알파벳 소문자 전체를 따라 쓰며 말해 보세요.

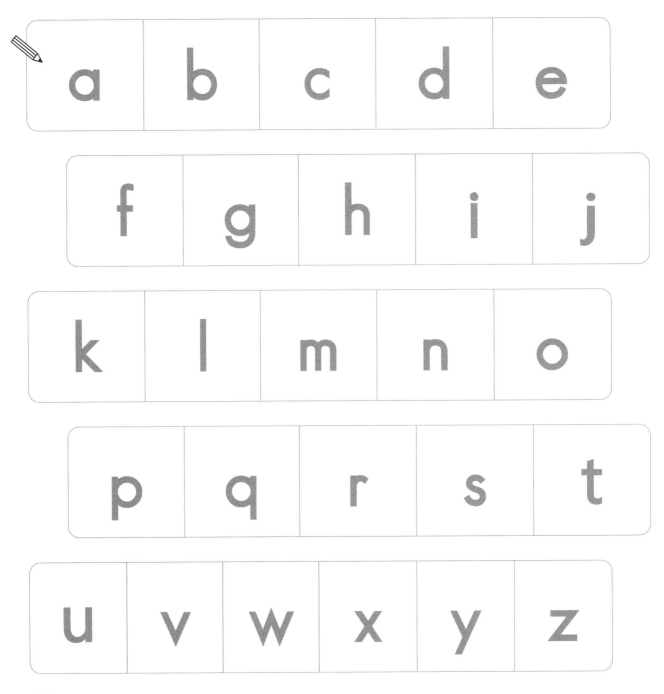

알파벳을 순서대로 말하며 두 번씩 쓰세요.

 a a a

 b

 c

 d

 e

 f

 g

 h

 i

 j

 k

 l

 m

 n

 o

 p

 q

 r

 s

 t

 u

 v

 w

 x

 y

z

알파벳 대문자 연습

01 알파벳 대문자를 순서대로 따라가며 연못을 건널 수 있도록 도와주세요.

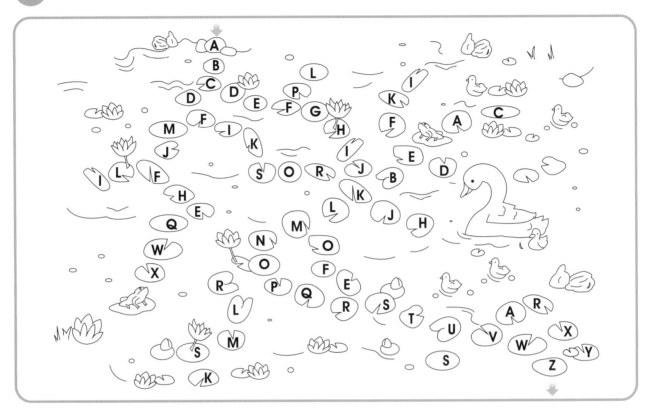

02 빠진 알파벳 대문자를 써서 표를 완성하세요.

A		C		
	H		J	
		O		R
		T		W	X

01 알파벳 소문자를 모두 찾아 동그라미 하세요.

02 빠진 알파벳 소문자를 써서 표를 완성하세요.

	b			e	
g		i			l
	n			q	
s			v		
	z				

알파벳 대소문자 연습

01 알파벳 대문자를 보고 소문자를 찾아 동그라미 하세요.

A	t	(a)	b		B	a	o	b
C	v	n	c		D	b	d	p
E	b	e	m		F	v	f	g
G	c	g	r		H	h	e	u
I	v	n	i		J	j	a	x
K	k	e	a		L	v	y	l
M	c	m	b		N	k	n	b
O	v	j	o		P	i	p	c
Q	q	t	a		R	r	m	s
S	c	s	z		T	v	n	t
U	v	n	u		V	w	v	a
W	b	w	h		X	x	k	b
Y	y	d	p		Z	v	n	z

02 알파벳 대문자 A부터 Z까지 전체를 말하며 써 보세요.

A

Z

03 알파벳 소문자 a부터 z까지 전체를 말하며 써 보세요.

a

z

알파벳 발음 연습하기

알파벳 대문자와 소문자는 이름과 발음은 같지만
글자 모양이 달라요. 알파벳 순서대로 들으며 말해 보고
단어의 첫소리를 대문자와 소문자로 써 보세요.

A A A
a a a

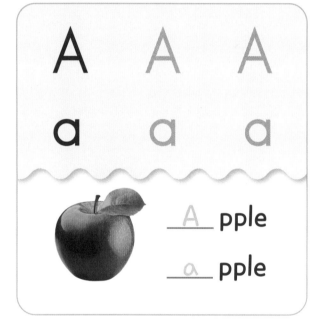

A pple
a pple

B B B
b b b

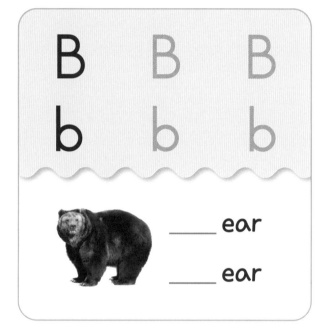

_____ ear
_____ ear

C C C
c c c

_____ at
_____ at

D D D
d d d

_____ og
_____ og

E E E
e e e

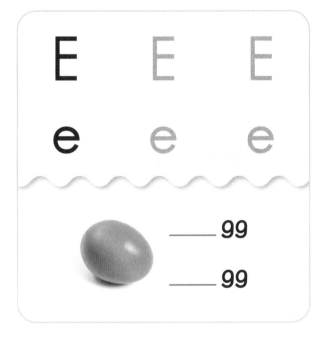

_____ gg

_____ gg

F F F
f f f

_____ rog

_____ rog

G G G
g g g

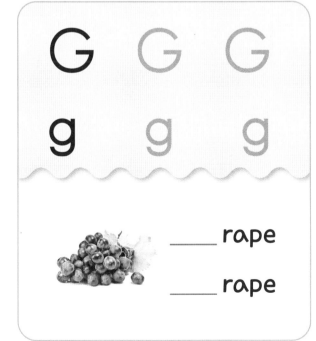

_____ rape

_____ rape

H H H
h h h

_____ at

_____ at

I I I
i i i

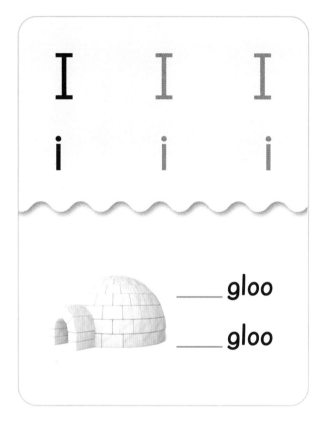

____gloo
____gloo

J J J
j j j

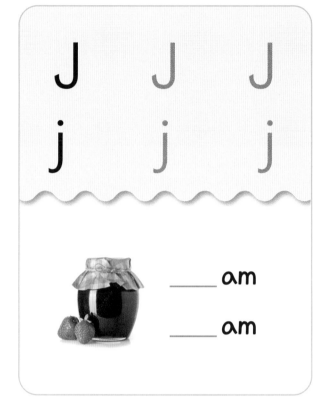

____am
____am

K K K
k k k

____ing
____ing

L L L
l l l

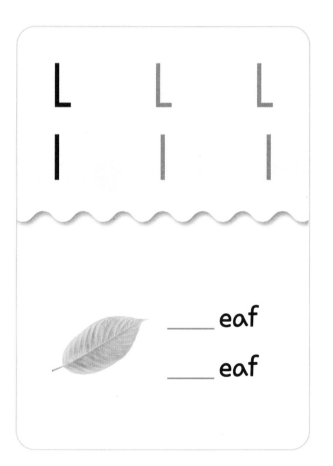

____eaf
____eaf

M M M
m m m

_____ ilk

_____ ilk

N N N
n n n

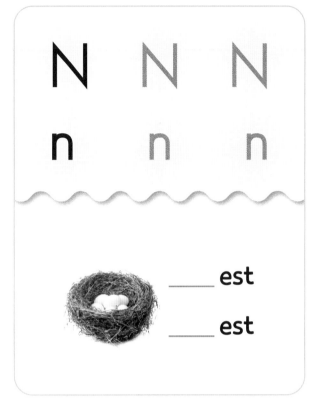

_____ est

_____ est

O O O
o o o

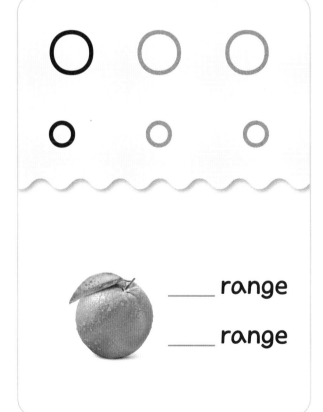

_____ range

_____ range

P P P
p p p

_____ ig

_____ ig

Q Q Q

q q q

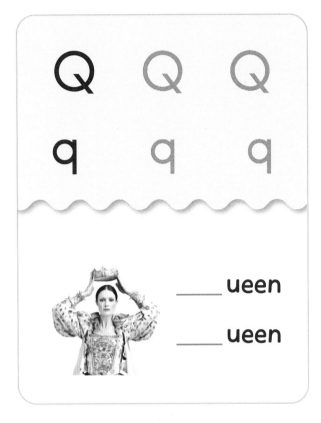

____ ueen

____ ueen

R R R

r r r

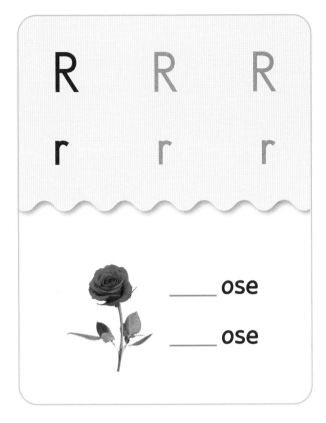

____ ose

____ ose

S S S

s s s

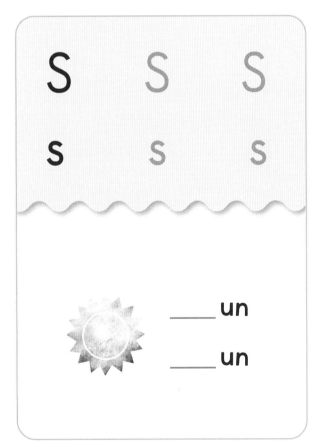

____ un

____ un

T T T

t t t

____ ree

____ ree

U U U
u u u

____ mbrella

____ mbrella

V V V
v v v

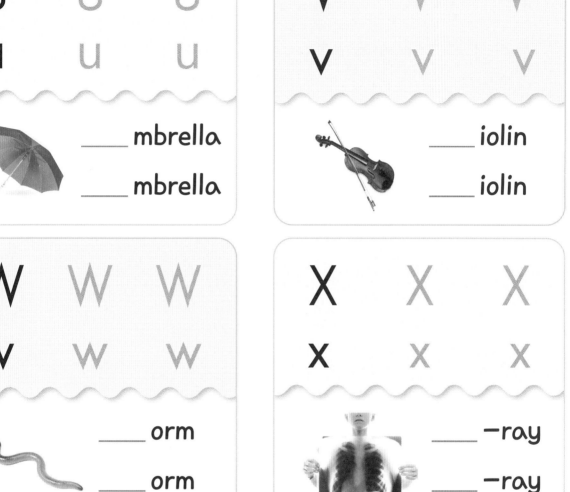

____ iolin

____ iolin

W W W
w w w

____ orm

____ orm

X X X
x x x

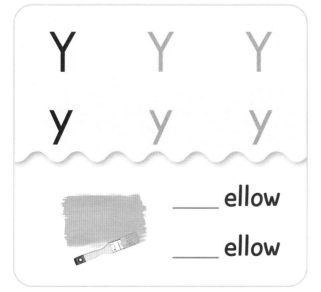

____ -ray

____ -ray

Y Y Y
y y y

____ ellow

____ ellow

Z Z Z
z z z

____ oo

____ oo

Phonics ①

정답
찾아보기

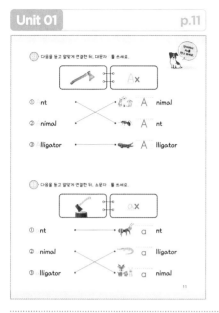

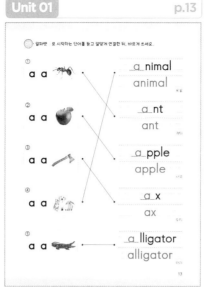

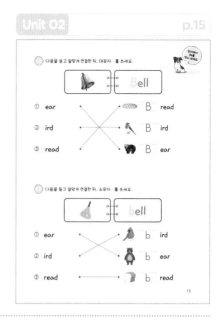

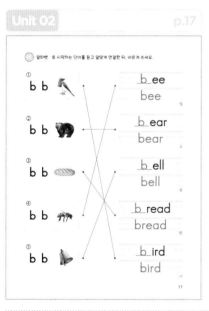

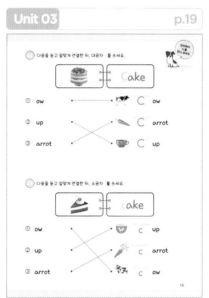

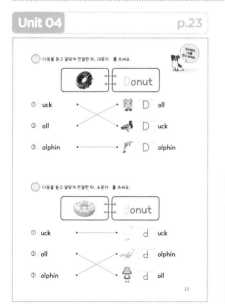

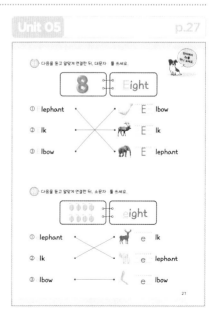

135

① e e   e lephant
    elephant
② e e   e ight
    eight
③ e e   e lk
    elk
④ e e   e lbow
    elbow
⑤ e e   e gg
    egg

29

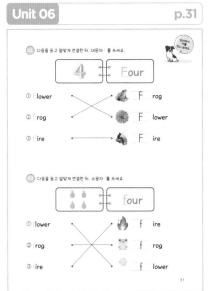

4 ─ F our

① flower
② frog
③ fire

F rog
F lower
F ire

four

① flower
② frog
③ fire

f ire
f rog
f lower

31

① f f   f ish
    fish
② f f   f rog
    frog
③ f f   f ire
    fire
④ f f   f lower
    flower
⑤ f f   f our
    four

33

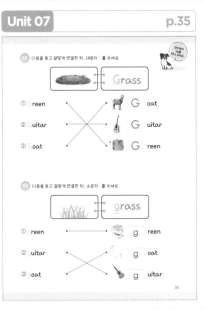

─ Grass

① Green
② Guitar
③ Goat

G oat
G uitar
G reen

grass

① green
② guitar
③ goat

g reen
g oat
g uitar

35

① g g   g rass
    grass
② g g   g oat
    goat
③ g g   g rape
    grape
④ g g   g reen
    green
⑤ g g   g uitar
    guitar

37

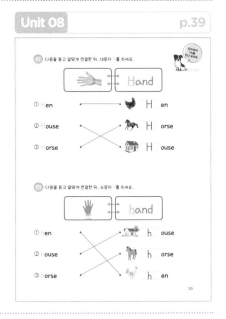

─ Hand

① Hen
② House
③ Horse

H en
H orse
H ouse

hand

① hen
② house
③ horse

h ouse
h orse
h en

39

① h h   h ouse
    house
② h h   h orse
    horse
③ h h   h and
    hand
④ h h   h at
    hat
⑤ h h   h en
    hen

41

① B b
② F f
③ A a
④ E e
⑤ G g
⑥ H h

43

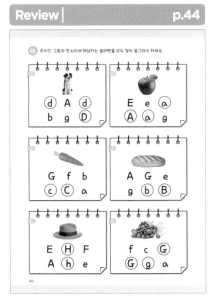

d A d
b g D

E e a
A a g

G f b
c C a

A G e
g b B

E H F
A h e

f c G
G g a

44

C c   F f   D d

A a   H h   B b

A B C d e f

D E F c d e a b c

F G H f g h C D E

45

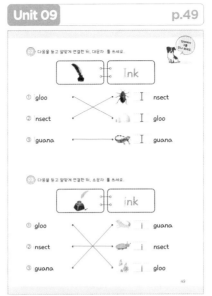

Ink

① gloo   I nsect
② nsect   I gloo
③ guana   I guana

ink

① gloo   i guana
② nsect   i nsect
③ guana   i gloo

49

---

① i i   i guana / iguana
② i i   i gloo / igloo
③ i i   i nsect / insect
④ i i   i nk / ink
⑤ i i   i ll / ill

51

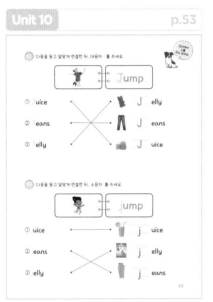

Jump

① uice   J elly
② eans   J eans
③ elly   J uice

jump

① uice   j uice
② eans   j elly
③ elly   j eans

53

---

① j j   j uice / juice
② j j   j ump / jump
③ j j   j eans / jeans
④ j j   j elly / jelly
⑤ j j   j am / jam

55

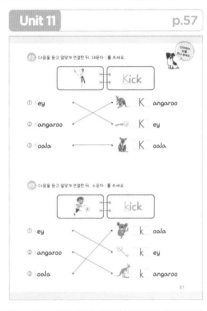

Kick

① Key   K angaroo
② Kangaroo   K ey
③ Koala   K oala

kick

① key   k oala
② kangaroo   k ey
③ koala   k angaroo

57

---

① k k   k ey / key
② k k   k ick / kick
③ k k   k oala / koala
④ k k   k angaroo / kangaroo
⑤ k k   k ing / king

59

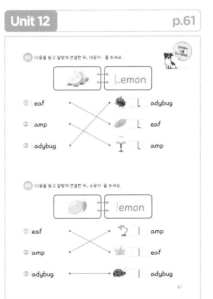

Lemon

① leaf   L adybug
② lamp   L eaf
③ ladybug   L amp

lemon

① eaf   l amp
② amp   l eaf
③ adybug   l adybug

61

---

① l l   l ion / lion
② l l   l adybug / ladybug
③ l l   l emon / lemon
④ l l   l eaf / leaf
⑤ l l   l amp / lamp

63

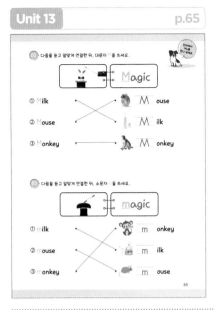

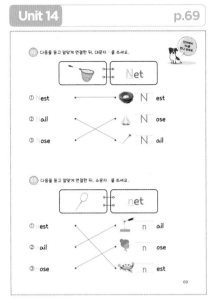

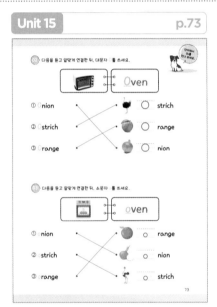

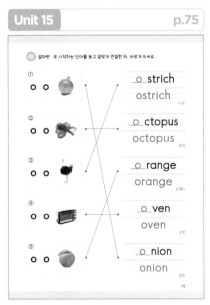

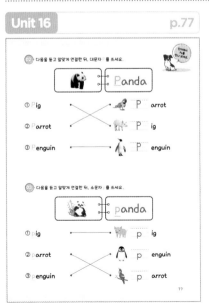

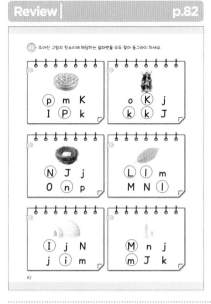

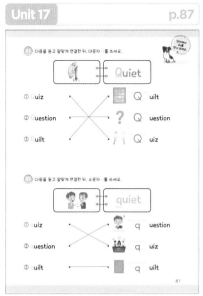

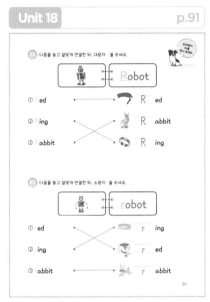

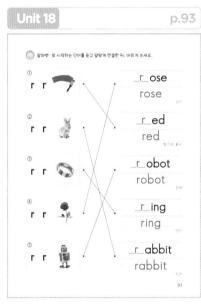

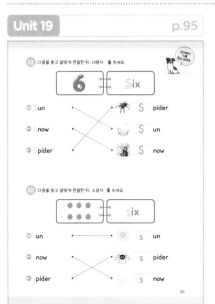

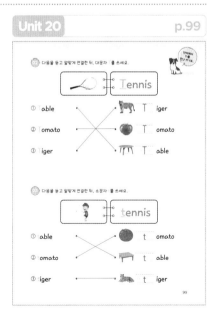

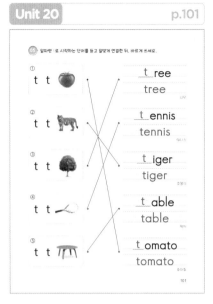

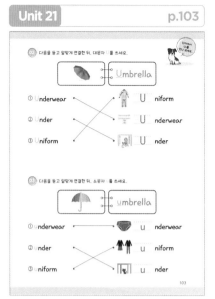

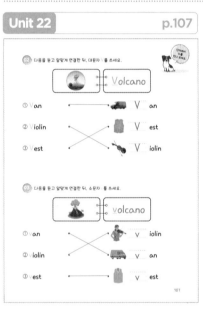

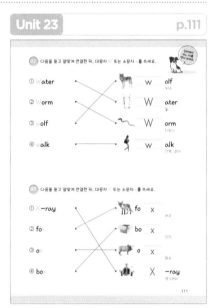

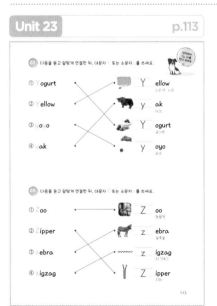

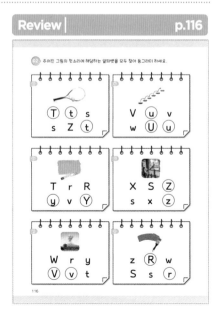

Review p.117

Review p.120

Unit 24 알파벳 대문자 총정리

Review p.121

Review p.122

알파벳 소문자 총정리

Review p.123

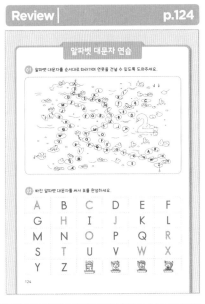

Review p.124

알파벳 대문자 연습

Review p.125

알파벳 소문자 연습

Review p.126

알파벳 대소문자 연습

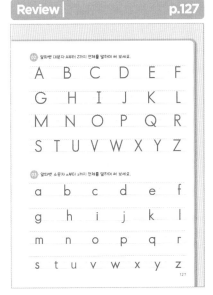

Review p.127

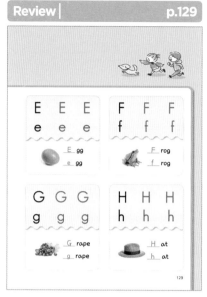

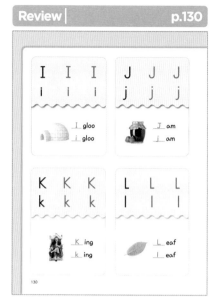

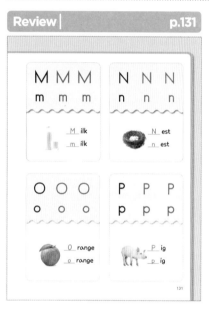

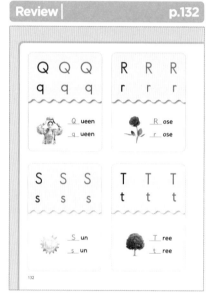

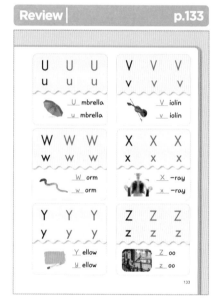

'공부 습관'이야말로 가장 큰 재능입니다.
재능많은영어연구소는 최고의 학습 효과를 내는
최적의 학습 플랜을 고민합니다.

소장 **윤미영**

경희대학교 영문학과와 같은 대학에서 석사학위를 받았습니다. 20여 년 동안 지학사, 디딤돌, 키 영어학습방법연구소, 롱테일 교육연구소에서 초등생과 중고생을 위한 영어 교재를 기획하고 만드는 일을 해 왔습니다. 베스트셀러인《문법이 쓰기다》,《단어가 읽기다》,《구문이 독해다》, 혼공 시리즈《혼공 초등 영단어》,《혼공 초등 영문법》, 바빠시리즈의《바빠 초등 필수 영단어》등을 집필했습니다.

초등영어 읽기독립 파닉스 1

1판 1쇄 발행일 2024년 5월 13일

지은이 재능많은영어연구소

발행인 김학원
발행처 휴먼어린이
출판등록 제313-2006-000161호(2006년 7월 31일)
주소 (03991) 서울시 마포구 동교로23길 76(연남동)
전화 02-335-4422 **팩스** 02-334-3427
저자·독자 서비스 humanist@humanistbooks.com
홈페이지 www.humanistbooks.com
유튜브 youtube.com/user/humanistma **포스트** post.naver.com/hmcv
페이스북 facebook.com/hmcv2001 **인스타그램** @human_kids

편집주간 황서현 **편집** 김혜정 **원어민 검토** Sherwood Choe
표지 디자인 유주현 **본문 디자인** PRISM C **음원 제작** 109Sound
용지 화인페이퍼 **인쇄** 삼조인쇄 **제본** 해피문화사

ⓒ 재능많은영어연구소·윤미영, 2024

ISBN 978-89-6591-577-5 64740
ISBN 978-89-6591-576-8 64740(세트)